本项研究获得北京市科技计划资助

中国股票上市制度改革的基本方向

张跃文 宣晓影 等著

FUNDAMENTAL DIRECTION OF CHINA STOCK LISTING REGIME REFORM

中国社会科学出版社

图书在版编目(CIP)数据

中国股票上市制度改革的基本方向/张跃文等著.—北京：中国社会科学出版社，2016.11
（国家智库报告）
ISBN 978-7-5161-9123-1

Ⅰ.①中… Ⅱ.①张… Ⅲ.①股票上市—经济体制改革—研究—中国 Ⅳ.①F832.51

中国版本图书馆CIP数据核字（2016）第252554号

出 版 人	赵剑英
责任编辑	侯苗苗
责任校对	周晓东
责任印制	李寡寡

出　　版	中国社会科学出版社
社　　址	北京鼓楼西大街甲158号
邮　　编	100720
网　　址	http://www.csspw.cn
发 行 部	010-84083685
门 市 部	010-84029450
经　　销	新华书店及其他书店
印刷装订	北京君升印刷有限公司
版　　次	2016年11月第1版
印　　次	2016年11月第1次印刷
开　　本	787×1092 1/16
印　　张	7.75
插　　页	2
字　　数	80千字
定　　价	36.00元

凡购买中国社会科学出版社图书，如有质量问题请与本社营销中心联系调换
电话：010-84083683
版权所有　侵权必究

课题负责人：

张跃文（中国社会科学院金融研究所公司金融研究室主任、研究员）

课题组成员：

全先银（中国社会科学院金融研究所副研究员）

宣晓影（中国社会科学院金融研究所助理研究员）

陈建青（中国社会科学院经济研究所《经济学动态》杂志社编审）

刘　彪（国金证券研究所研究助理）

万轩宁（中国社会科学院研究生院金融专业硕士研究生）

孙浩令（北京大学医学部硕士研究生）

摘要： 本研究报告系统分析了发达国家股票市场上市制度特征及其对我国的借鉴意义。在此基础上，有针对性地提出了中国股票市场上市制度的改革方向。报告认为，发达国家股票市场是建立在市场竞争基础上的多元化上市制度，体现出对拟上市企业更好的包容性，值得我国借鉴。但我国股票市场的现实基础，又决定了改革不可能一蹴而就，上市制度改革既要适应当前国内企业特点，也应与我国建设多层次股权融资市场的战略目标相契合。

Abstract: We analyze listing regimes of developed stock markets and their reference meanings on China. On this basis, we raise the reform direction of China stock market's listing regimes. We believe that diversified listing regimes of developed markets depend on better competition environment, and are more inclusive than China stock market. But the condition of China market still can't support the reform completed in a short period. The reform should satisfy present characters of civil firms and targets of constructing multi-level capital market.

目 录

导言 ……………………………………………………（1）

第一部分　国外主要股票市场上市制度研究
宣晓影　陈建青　刘　彪　万轩宁

一　美国股票市场上市制度分析 ……………………（9）
　（一）纽约证券交易所的上市制度 …………………（9）
　（二）纳斯达克市场的上市制度 ……………………（13）
　（三）两家交易所上市制度的区别与关联 …………（18）
　（四）监管当局与交易所的关系 ……………………（23）
　（五）对中国股票市场的借鉴意义 …………………（26）

二　欧洲股票市场上市制度分析 ……………………（29）
　（一）欧洲主要股票交易所的上市制度 ……………（29）

（二）欧洲股票市场上市制度的内在协调机制 …（43）

（三）欧洲上市制度比较分析 ……………………（48）

（四）欧洲上市制度对中国的借鉴意义 …………（52）

三 日韩股票市场上市制度分析 ……………………（56）

（一）东京证券交易所的上市制度 ………………（56）

（二）韩国证券交易所上市制度分析 ……………（69）

（三）日韩上市制度对中国的借鉴意义 …………（77）

第二部分　中国股票市场上市制度

全先银　张跃文

一　沪深股票交易所的上市制度 ……………………（81）

（一）股票发行条件 ………………………………（81）

（二）股票上市制度 ………………………………（83）

二　"新三板"股票市场挂牌制度 …………………（86）

（一）挂牌条件 ……………………………………（86）

（二）核准程序 ……………………………………（87）

三　区域性股权交易市场的挂牌制度 ………………（88）

（一）挂牌条件 ……………………………………（88）

（二）挂牌核准程序 ………………………………（89）

四 股票发行注册制改革……………………（90）

（一）现有注册制改革方案辨析……………………（91）

（二）完善改革方案的建议……………………（96）

第三部分 中国股票市场上市制度的改革方向
张跃文

一 股票上市制度改革的必要性……………………（101）

二 上市制度改革的基本方向……………………（103）

（一）全面契合发展多层次股权融资市场要求……………………（103）

（二）全面契合以我为主渐次开放的股票市场体系要求……………………（104）

（三）基于明确分工的发行上市一体化制度……（105）

（四）交易场所主导的多元化、动态化上市制度体系……………………（106）

三 上市制度改革面临的风险……………………（107）

（一）注册制改革受挫的外溢风险……………………（107）

（二）市场误解的风险……………………（107）

（三）市场间内耗的风险……………………（108）

（四）削弱市场主导权的风险 ……………………（108）
四　政策建议 ……………………………………（110）
参考文献 …………………………………………（111）

导　　言

张跃文

在经济新常态下，中国进入了经济转型和产业升级的关键时期。股票市场发展能够为企业融资提供便利，鼓励技术创新，协助投资者分散风险，实现低成本股票交易和对上市公司进行外部监督。Acemoglu等（2006）将发展中国家和发达国家的经济增长路径概括为"投资驱动式增长"和"创新驱动式增长"两种类型。在投资驱动式增长阶段，实体经济需要持续增加资本积累，但同时法律体系不健全，投资者保护缺位，在这一阶段，金融中介如商业银行的作用就更加明显（La Porta et al.，1997；Stulz，2000）。但在以创新驱动式增长阶段，股票市场对于创新及相关投资机会具有更强的鉴别能力和包容性，使其更适合于培养和扶持创新型企业，微软、谷歌和苹果等国际级高新技术企业就是这样成长起来的。

中国现行的股票市场上市制度，属于外部植入型制度，即制度本身并不是随着股票市场发展而逐步自发形成的。政府和监管机构对于上市制度的制定和调整保持着控制权，而且目前的上市制度总体上仍然在延续着传统的向大企业和制造业倾斜的政策思路。2009年6月，深圳证券交易所正式开办创业板，其设立宗旨主要是为包括科技型创业企业在内的初创企业服务，股票上市标准同主板市场有所区别，但相对科技型创业企业的一般水平而言，创业板上市标准仍然偏高。2012年9月，在原代办股份转让系统的基础上，监管机构主持设立了全国中小企业股份转让系统（即"新三板"市场），该系统为非上市中小企业提供股份转让服务，对挂牌企业没有明确的财务性要求。除此之外，近年来陆续成立和改制的区域性股票交易中心数量众多，挂牌企业不断增加，但总体上区域市场在市场规模、交易活跃度和定价影响力等方面，同交易所市场仍有比较大的差距。场内市场门槛高，但融资能力强，股票流动性好；场外市场门槛低，但融资能力弱，股票流动性较差。一般而言，企业上市的主要目的是配合发股融资、提高股票流动性和原始股东退出。如果市场缺乏融资能力和流动性，那么企业上市的目的就无法实现。党的十八届三中全会通过的《中共中央关于全面深化改革若干重大问题的决定》，明确提出要健全多层次资本市场体系，推进股票发行注册制改革，多渠道推动股权融资。

发达市场的上市制度是在其股票交易活动自然发展的基础上逐步形成的，政府对于股票市场运营仅在监管意义上保持有限的干预。而且主要股票市场基本都已经转入公司制，其营业收入主要来自企业上市缴纳的上市费和投资者缴纳的证券交易费。因此，股票市场上市制度的核心目标通常是协助增加上市公司数量和投资者的投资机会，从而吸引更多的上市公司和投资者进入本市场，并借此同近年出现的电子交易网络展开竞争。以公认比较成功的美国纳斯达克市场为例，其细分市场的第一层级纳斯达克全球精选市场、第二层级纳斯达克全球市场和第三层级纳斯达克资本市场，分别为公司规模和交易活跃度依次递减的企业提供上市服务。各层次市场对于上市公司在股东权益、公众持股数量、股票市值、最低股价、经营业绩和股东人数等方面均提出了要求。但是，除少量必须达到的标准外，纳斯达克市场还根据企业发展不同阶段的特点，提供了可选择的要求。

企业在选择具体上市地点时所需要考虑的因素很多。Andson 和 Dyl（2008）发现一些符合纽约证券交易所上市条件的企业选择纳斯达克市场，主要原因可能是纳斯达克对于受限股票交易更加宽容。竞争促进各股票市场提升其包容性，允许不同规模和成长阶段的企业上市。但国外股票市场的制度安排却并不是整体降低上市标准，而是增加了市场的层次性，以低层次市场吸引低质量企业，以高层次市场吸引高质量企业，由此形成了多层次的股票市场体系。Johan（2010）利用加拿大股票市场中上市标准较低的初级市场（TSX–V）和标准较高的高级市场（TSX）的IPO案例分析了两个市场上市公司的区别。分析发现，投资者对于高级市场上市公司的初期估值更高，意味着在高级市场上市已成为企业传递其价值信息的手段。而且高级市场上市公司的信息披露质量优于初级市场。Carvalho和Pennacchi（2012）利用巴西股票市场分立出优质上市公司板块的事件，发现在投资者保护水平不高的国家，提高上市标准可以改善公司行为。在这一事件中，巴西投资者提高了对自愿进入高标准板块上市公司的估值。这些上市公司的信息披露和公司治理确实由此得到了改善，并体现出更好的成长性。他们认为在现有股票市场内分立出优质上市公司板块，可以低成本地实现跨境上市所能获得的好处。Amira和Muzere

（2011）比较了世界主要股票市场的上市标准及股票表现，他们发现企业会根据其成长性选择上市标准不同的股票市场，高成长企业会选择高标准市场。Semenenko（2012）证实不同的上市标准可以将高质量公司同低质量公司区分开来，而且反映企业风险因素的定性指标比定量指标更为有效。为了抑制交易所管理层牺牲声誉资本和利用市场无效率而盲目增加上市公司数量的冲动，他认为可以像纳斯达克市场一样在交易所内建立多层次市场，以实现股票市场的分离均衡。

本报告主要由三部分构成：第一部分系统分析发达市场企业上市制度及其对我国的借鉴意义；第二部分集中研究我国的股票发行和上市制度；第三部分提出注册制改革以后我国股票市场上市制度的改革方向和相关政策建议。

第一部分
国外主要股票市场上市制度研究

宣晓影　陈建青　刘　彪　万轩宁

一　美国股票市场上市制度分析

万轩宁　陈建青

（一）纽约证券交易所的上市制度

纽约证券交易所（New York Stock Exchange，NYSE，以下简称纽交所）的成立可以追溯到1792年，证券经纪人在华尔街的一棵梧桐树下签订了合作协议，1863年更名为纽约证券交易所。1934年10月，纽交所经SEC批准成为一家全国性的证券交易所。2005年4月末，纽交所收购全电子证券交易所（Archipelago），转型为营利性机构。2006年6月1日，纽交所与泛欧证券交易所合并，成立了纽约证券交易所—泛欧证券交易所公司（NYSE Euronext），其目前是全球最大的证券交易所。2014年有400多家公司在纽交所上市、129个IPO，募集资金超过700亿美元。

1. 主板上市

纽约证券交易所主板上市基本要求如表1所示。

表1　　　　　　　　　　纽约证券交易所主板上市基本要求

	具体要求	全球标准	美国标准
股权指标	最低持股100股以上的股东人数	5000人	400人
	最低公众持股量	250万股	110万股
	公众持股部分市值	1亿美元	
	——IPOs，分拆上市	N/A	4000万美元
	——其他形式上市	N/A	1亿美元
	上市时最低股价	N/A	4美元
财务指标（三选一或四选一）	1. 利润指标（必须满足A或B）		
	A. 最近3年累计税前净利润	1亿美元	1000万美元
	倒数第1年税前净利润	2500万美元	200万美元
	倒数第2年税前净利润	2500万美元	200万美元
	倒数第3年税前净利润	N/A	>0
	B. 最近3年累计税前净利润	N/A	1200万美元
	倒数第1年税前净利润	N/A	500万美元
	倒数第2年税前净利润	N/A	200万美元
	2. 市值/营业收入指标（必须满足A或B）		
	A. 市值+收入指标		
	上市时总市值	7.5亿美元	7.5亿美元
	最近财政年度的营业收入	7500万美元	7500万美元
	B. 市值+现金流指标		
	上市时总市值	5亿美元	5亿美元
	最近12个月的营业收入	1亿美元	1亿美元
	连续3年的最低现金流	1亿美元	2500万美元（3年数据均须为正）
	过去2年的每年最低现金流	最近2年每年达到2500万美元	N/A
	3. 关联公司上市（对已有控股公司或附属公司在纽约证券交易所上市的公司）		
	总市值	5亿美元	5亿美元
	公司经营年限	12个月以上	12个月以上
	已上市关联企业经营状况良好	需要	需要
	已上市关联企业持有其控制权	需要	需要

续表

	具体要求	全球标准	美国标准
财务指标（三选一或四选一）	4. 资产和权益指标		
	上市时总市值	N/A	1.5亿美元
	总资产	N/A	7500万美元
	股东权益	N/A	5000万美元

资料来源：纽约证券交易所。

纽交所市场流动性要求如表2所示。

表2　　　　　　　　纽约证券交易所流动性要求

	美国公司	非美国公司		
		上市公司子公司	其他公司	风险投资公司
持股人数	400人	5000人		
最低公众持股数量	110万股	250万股		
市场价值	公众持股市值不少于4000万美元	大于等于6000万美元	大于等于1亿美元	属于普通股东的净有形资产大于等于1800万美元
最低股价	4美元	4美元	4美元	

资料来源：纽约证券交易所。

2. 高增长板（NYSE Arca）

2006年，纽交所推出了与主板相比门槛较低的高增长板，并设计了相应的转板制度。作为美国首个全电子交易市场，为8000家来自纽交所和纳斯达克的企业提供服务。当高增长板上市企业达到纽交所上市条件后，可以直接转到纽交所主板挂牌，无须支付任何费用。该转板制度有效地满足了上市企业在获得高增长板首期融资并发展壮大后，期望在主板市场获得更大融资空间的要求。同时，纽交所的全球效应也为高增长板的发展带来了新的生机。

纽交所高增长板的上市基本要求包括：

公众持股数：最低500万股，且市值最低为300万美元。

公众股东：若发行人公开发行股票介于50万股与100万股之间，那么至少应有800名公众股东；若发行人公开发行不低于100万股或公开发行不低于50万股且日均成交量自申请起连续6个月超过2000股，那么最低应保持400名公众股东。

资产净值：至少为400万美元。

税前净利润：上一年度或者最近三个财年中的两年累计来自持续经营的税前利润不少于75万美元。

每股最低价格：申请上市时初始价不低于每股5美元。

3. NYSE MKT 市场

NYSE MKT 是小市值公司的股权资本市场，上市企业可与专用做市商交易，使市场流动性显著提升。该市场目前设置有四组上市标准，企业满足任何一组，都可以在这里上市（见表3）。

表3　　　　　　　　　　NYSE MKT 市场的上市条件

	标准1	标准2	标准3	标准4
股东权益	400万美元	400万美元	400万美元	不适用
税前利润	75万美元	不适用	不适用	不适用
市值	300万美元	1500万美元	1500万美元	2000万美元
持续经营时间	不适用	2年	不适用	不适用
总资产	不适用	不适用	5000万美元	不适用
市值或总资产或总收入	不适用	不适用	不适用	7.5亿美元或7500万美元
持股人数及份额	50万股且最低800名公众股东或者不低于100万股且公开持有股东人数不低于400人			
每股发行价格	3美元	3美元	2美元	3美元

资料来源：纽约证券交易所。

（二）纳斯达克市场的上市制度

纳斯达克的全称为美国全国证券交易商协会自动报价表（National Association of Securities Dealers Automated

Quotations，NASDAQ），成立于1971年，是美国的一个电子证券交易机构。纳斯达克成立时的主要交易模式是场外交易，即主要利用互联网、电话等交涉来完成每一笔交易。现在纳斯达克也引进了做市商制度，活跃度较高，市场上除科技公司之外还有很多高成长的大中型公司。

纳斯达克市场目前分为三个层次：纳斯达克全球精选市场、纳斯达克全球市场和纳斯达克资本市场。这三个层次市场的上市标准依次降低。精选市场主要是吸引大盘蓝筹股以及其他两个层次发展起来的企业；资本市场主要吸引规模较小风险较高的企业；而全球市场介于两者之间，吸引中等规模的企业。三个板块之间转移灵活快捷，凡是满足相应高层次市场的上市企业都可以选择市场转移获取更多的融资。

1. 纳斯达克全球精选市场

全球精选市场是纳斯达克市场中上市要求最严格的市场，它的上市要求是以纽交所主板为标准来设定的，其初次上市财务要求归纳如表4所示。

表4　　　　　　　　　　纳斯达克全球精选上市要求

	标准1（营利性）	标准2（资本化与现金流）	标准3（资本化与营收）	标准4（资产与权益）
税前利润	前三个财务年度大于等于1100万美元，且最近两个财务年度大于等于220万美元，且前三个财务年度每年都无亏损	不适用	不适用	不适用
现金流	不适用	前三个财务年度总计大于等于2750万美元，且前三个财务年度均为现金净流入	不适用	不适用
市值	不适用	上市前12个月平均大于5.5亿美元	上市前12个月平均大于8.5亿美元	大于1.6亿美元
收入	不适用	前一财务年度大于等于1.1亿美元	前一财务年度大于等于9000万美元	不适用
总资产	不适用	不适用	不适用	大于8000万美元
股东权益	不适用	不适用	不适用	大于5500万美元
最低股价	4美元	4美元	4美元	4美元
做市商	3个或4个	3个或4个	3个或4个	3个或4个

资料来源：纳斯达克市场官方网站。

对于全球精选市场上市公司的流动性，交易所也设定了较高要求（如表5所示）。

表 5　　　　　　　纳斯达克全球精选市场流动性要求

	新挂牌公司		
	初次公开发行股票及分拆上市公司	已挂牌公司；现交易中的普通股等	关联公司
至少持有一手股票的股东数	450 人	450 人	450 人
总股东数	2200 人	2200 人	2200 人
总股东数和过去12个月平均交易量	不适用	550 人和 110 万股	550 人和 110 万股
流通股数量	125 万股	125 万股	125 万股
流通市值	4500 万美元	1.1 亿美元	4500 万美元
流通市值和股东权益	不适用	1 亿美元和 1.1 亿美元	不适用

资料来源：纳斯达克市场官方网站。

2. 纳斯达克全球市场

纳斯达克全球市场初次挂牌只需满足以下四标准中的一个即可（如表 6 所示）。

表 6　　　　　　　纳斯达克全球市场上市要求

	利润标准	权益标准	市值标准	总资产/总收入标准
可持续业务的税前利润（最近一个财年或最近三个财年中的两个）	100 万美元	不适用	不适用	不适用
股东权益	1500 万美元	3000 万美元	不适用	不适用
挂牌证券总市值	不适用	不适用	7500 万美元	

续表

	利润标准	权益标准	市值标准	总资产/总收入标准
总资产和总收入（最近一个财年或最近三个财年中的两个）	不适用	不适用	不适用	7500万美元
流通股数量	110万股	110万股	110万股	110万股
公开流通股市值	800万美元	1800万美元	2000万美元	2000万美元
最低交易股价	4美元	4美元	4美元	4美元
持有100股以上的股东人数	400人	400人	400人	400人
做市商	3个	3个	4个	4个
经营历史	不适用	2年	不适用	不适用

资料来源：纳斯达克市场官方网站。

3. 纳斯达克资本市场

纳斯达克资本市场初次挂牌只需满足以下三个标准中的一个即可（如表7所示）。

表7　　　　　　纳斯达克资本市场上市要求

	权益标准	挂牌证券总市值标准	净收入标准
股东权益	500万美元	400万美元	400万美元
流通市值	1500万美元	1500万美元	500万美元
经营历史	2年	不适用	不适用
挂牌证券总市值	不适用	5000万美元	不适用
可持续业务的净收入（最近一个财年或最近三个财年中的两个）	不适用	不适用	75万美元
交易股价	4美元	4美元	4美元

续表

	权益标准	挂牌证券总市值标准	净收入标准
流通股数量	100万股	100万股	100万股
股东数	300人	300人	300人
做市商	3个	3个	3个

资料来源：纳斯达克市场官方网站。

（三）两家交易所上市制度的区别与关联

1. 区别

首先，从上市制度上来看，纽交所主板与纳斯达克全球精选市场对拟上市公司规模要求基本一致，但纳斯达克在税前利润和现金流方面要求更严。受发展时间限制，纳斯达克精选市场企业规模远小于纽交所。其次，纳斯达克全球市场以及纳斯达克资本市场对上市公司的要求如资产规模、盈利水平等基本与纽交所其他两个市场相差无几。

但从总体规模来看，纳斯达克依旧是创业板高新市场的根据地，规模较小，而纽交所一方面可通过自身NYSE Arca以及NYSE MKT市场培养高新企业，通过内转板制度吸引国内外科技型企业入驻，在2014年科技型企业上市数量占全国的56%，高于纳斯达克；另一方面也可吸纳从纳斯达克转板的上市公司进入主板，因而纽交所在市场规模上仍具有压倒性优势。从交易机制来看，纳斯达克做市商制度有效提高了市场流动性并降低了市场波动，同时它的灵活性也可以帮助中小企业股票报价时更加方便地控制成本，而纽交所主板指令报价对中小企业则相对如同"鸡肋"。从费用结构差异来看，在做市商交易制度下，纳斯达克可以以较低上市费用吸引企业上市，在股票二级市场中获取交易费用，同时对新生科技型企业和已上市公司均有极强的吸引力。

造成两个市场差异的主要原因有：一是市场定位，纳斯达克在纽交所发展成熟、规模巨大的背景下，锁定了中小企业这一市场空缺，通过技术创新和制度创新，迅速发展壮大成为创业板市场，本质上是中小企业市场融资需求驱动的结果。二是纽交所在成为全国性交易所之后垄断市场，缺乏足够动力扩大中小企业融资业务，从而为纳斯达克的崛起提供了条件。

2. 关联

（1）良性竞争促进双方发展

总的来看，两大交易所所呈现的是一种良性竞争的态势。其竞争主要体现在两个方面：一方面是对上市公司的争夺，另一方面则是交易份额的较量。而两者竞争的阶段也可大致依照其内部结构演进分为差异化竞争阶段和全面竞争阶段。

①差异化竞争阶段

纽交所凭借其悠久历史和市场地位不断吸引着蓝筹豪强企业的入驻，打造的是成熟、高端、严谨的交易所形象。而纳斯达克市场作为后起之秀，利用电子报价系统和交易平台为处于初创期无法在纽交所上市的企业提供融资服务，为自己贴上了高新科技企业融资平台的标签。在这一阶段，纽交所在收购群岛交易所之后又成立了高增长市场（NYSE Arca），这主要是为了优化交易方式以便于实现交易份额的竞争。而纳斯达克在这一期间出于优化内部结构、提高管理效率的目的，把交易所分成了纳斯达克资本市场和纳斯达克全球市场，以满足不同水平公司的需求。

②全面竞争阶段

在巩固各自市场的基础之上，两大交易所开始了更进一步内部分层以渗透进入对方市场。纽交所于2008年成立了NYSE MKT市场，又通过降低其上市门槛，打造出一个能与主板无缝对接的中小创业板市场。这主要是受到了纳斯达克市场的竞争压力所致，同时也是为了满足自身扩张需求，提升整个市场融资效率，也顺应JOBS法案支持中小企业融资的要求。在2014年有32家科技型企业在纽交所上市，占据了全美56%的科技型企业IPO份额，融资总计约290亿美元。

早在2004年，纳斯达克就开始游说一些纽交所蓝筹股在两大市场同时上市，并先后拿下了惠普、嘉信等6家公司。2006年纳斯达克注册成为全国性交易市场，并成立了全球精选市场，其上市制度要求也基本效仿纽交所主板，吹响了与纽交所竞争的号角。虽然在与纽交所角逐中处于劣势，但随着高新技术的迅猛发展和整个市场份额的不断扩大，纳斯达克已逐渐缩小与纽交所的差距（见表8）。

表8　　　　　　　　纽交所与纳斯达克业绩对比

	上市公司总市值（万亿）		上市公司总数（家）		IPO总数（起）	
	NYSE	NASDAQ	NYSE	NASDAQ	NYSE	NASDAQ
2003年	11.3	2.8	2308	3294	107	56
2014年	27	9.1	2410	3500+	129	189

资料来源：纳斯达克市场官方网站。

总的来看，两者之间形成了一种良性竞争关系。纽交所是在大规模稳健增长的同时通过兼并收购方式丰富自身板块层次，达到了市场类型全面覆盖，在竞争中处于防守端。而纳斯达克则是通过市场需求驱动以及技术创新优势在短期内取得了跨越式发展，并通过对主板市场渗透倒逼纽交所做出应对，这种良性竞争有利于丰富市场层次，推动技术创新，降低交易成本，拓展市场规模。两家全能型交易所之间在市场层次、市场规模方面都呈现出一定的趋同性，在竞争中逐步实现动态均衡。

（2）优势互补，完善证券市场结构

交易所对市场定位不同构成了证券市场结构分层，这种分层也是由市场需求所驱动的。究其本质，是证券市场为适应规模不同和发展阶段各异的企业上市要求而内生演化出阶梯形的细分市场组合。

具体来看，首先，纽交所主板通过设置较高要求的上市准则，吸收一些规模较大、风险较低、发展较为成熟的企业，而纳斯达克交易所则是通过降低融资门槛吸引规模小、发展快、风险较高的科技型企业。通过这种市场分化，可以汇聚相同规模或相同发展阶段的企业，以便交易所提供更加专业化和精细化的服务，能够有效地提高交易所和企业的效率。其次，无论是市场分层还是交易所内部分层都能够帮助企业和投资者降低搜寻成本，同时也在一定程度上保护了中小企业不受大型企业挤压，隔离了不同规模或类型市场的风险。

(四) 监管当局与交易所的关系

1. 美国上市监管与审核制度

美国证券监管机构对证券市场的监管是一种集中型监管体制，又叫集中立法型监管体制，是指通过制定专门的证券法规，并设立全国性的证券监督管理机构，对全国证券市场实行统一管理的一种体制。集中型监管的依据就是全国性的证券管理法规体系，主要分为以下几个层面：①以《证券法》、《证券交易法》及历年的《证券法修正案》为代表的基本法，其作用类似于"证券市场宪法"。②相关配套法，如《金融服务现代法案》、《萨班斯—奥克斯利法案》等。③州立《蓝天法》。④美国证券交易委员会制定的各种信息披露规定规则，如8-K会计资料编制公告等。在此法律结构完整的基础上，以全国性监管机构证券管理委员会作为监管主体，同时配合相关地方部门、交易所等机构形成一个自上而下的监管体系。

作为美国证券行业最高管理机构，美国证券交易委员会不仅具有管理权，还具有立法权和准司法权，在总统的领导下，直接对国会负责且不受其他政府部门的干涉。主要职能为：制定市场规则、监督市场参与者、调查并制裁违法违规行为以及紧急处置权。该委员会下设四个主要部门：公司财务部、投资管理部、执行部以及贸易市场部。其中，与证券发行直接相关的部门是公司财务部，主要负责审核上市公司信息披露，如发行新股的注册文件、公开招股股东委托书、公司年报等工作。在注册制下，美国证券交易委员会"只检查公开的内容是否齐全，格式是否符合要求，而不管公开的内容是否真实可靠，更不管公司经营状况的好坏……坚持市场经济中的贸易自由原则，认为政府无权禁止一种证券的发行，不管它的质量有多糟糕"。[①]

2. 纳斯达克监管模式[②]

纳斯达克监管主体大致可分为两类：官方监管机构即美国证券交易委员会（SEC）以及自律组织即美国金

---

① 源自美国证券交易委员会官网：http://www.sec.gov/。
② 付容卓：《纳斯达克监管制度研究》，硕士学位论文，哈尔滨工程大学，2009年，第15—17页。

融业监管局（FINRA）和纳斯达克交易所。其中，纳斯达克交易所对自身进行监管，SEC授权给金融业监管局进行一线监管，而SEC自身则对此进行检查的同时处理特定案件。

美国证券业监管局（FINRA）是美国最大的非政府证券业自律监管机构，由美国证券商协会（NASD）与纽约证券交易所（NYSE）中的会员监管、执行和仲裁部门合并而成，主要功能是通过高效监管和技术支持来加强投资者保护和市场诚信建设，并主要负责场外交易市场（OTC）的交易行为以及投资银行的运作。该协会目前拥有近6000家会员，24457个分支机构。它是全国唯一在美国证券交易委员会登记注册的非营利性组织，并受交易委员会指导，全权管理全国场外交易市场上的所有证券交易活动，主要完善了原自律监管中存在的多重监管、利益冲突等问题，同时保护投资者和市场诚信。

纳斯达克交易所设立监督委员会和首席监管官，对交易所进行独立监管。监管内容包括市场活动、申请材料审核和法律法规强制执行。除此之外，交易所还设置了独立监管部门，专门负责各项业务监管和处罚，监控市场交易。一旦发现违规活动，监管部会将其提交给证券业监管局进行调查处分。交易所在整个监管体系中所扮演的角色是实质性审核主体，在满足 SEC 的监管要求下，对各拟上市公司财务经营、公司治理等各项具体指标都有定量或定性要求。在注册制下，实质性审批权力下放给交易所，大大降低了公司上市成本，提高了融资效率，也为公司提供了一个自由竞争的平台，信息披露要求则是通过市场监督倒逼公司保持良好经营业绩；对于投资者而言，严格的信息披露要求进一步消除了信息的不对称，使市场趋于有效，有助于培养市场理性，提高投资者分析决策能力；对于监管者而言，"宽进"减轻了当局的监管审核负担，信息披露严格透明也有助于非监管机关参与监管，使监管当局把更多的精力投入到监督和法制完善上来。

（五）对中国股票市场的借鉴意义

1. 从立法角度考虑

纵观美国证券市场发展历程，合理的法律制度体系对市场稳定起到了决定性作用。在法律体系基础上建立的监管机构和原则、条例也保障了整个体系对金融发展的适应性和先进性。我国的证券法律体系和监管体系与美国相类似,都是依照专门多层次法律法规要求,在权威监管机构下设立系列机构对证券活动进行监管。在改革方面,我国《证券法》最新修订引入的注册制则敲定了我国证券市场的发展走向,即进一步释放权力,让交易所承担部分发行审核,将监管由前端移向中端。值得思考的是,在权力的下放过程中,监管机构如何对交易所进行约束也是保证监管体系平稳运行的关键。具有中国特色的监管在改革问题上一方面可能会存在权力上的藕断丝连;另一方面则可能会出现交易所一夜身价倍涨,滋生"寻租"的现象。当局应该做的,就是明确界定好交易所的监管地位,划清其势力范围,在初期以反馈机制逐步指导交易所完成监管权力的适应和交接,通过实践中累积的经验不断完善法律法规,尽可能合理地把机构职权法律细化,以此达到一种边界明晰的交易所自律型监管模式。

2. 从交易所结构考虑

竞争是交易所发展的重要动力。美国两家交易所在保持自身优势的前提下,通过设立内部分层结构来渗透对方业务。结合我国实际情况,沪深交易所的分层动机明显,但在分层过程中采用内部分层还是外部分工则取决于交易所市场的成熟程度,也取决于交易所的经营能力。在美国交易所的分化过程中,纳斯达克对纽交所的倒逼策略值得借鉴。

3. 从上市标准考虑

上市标准多元化是股票市场成熟的表现。我国当前还处于初级阶段,应在资本更为完善、投资者更为成熟时逐步推进上市标准多元化改革,满足不同企业的上市需求。通过事中和事后监管,以及增加中介机构责任,维护股票市场秩序,提高市场效率。

二 欧洲股票市场上市制度分析

刘 彪 陈建青

（一）欧洲主要股票交易所的上市制度

1. 泛欧证券交易所

泛欧证券交易所又称欧洲证券交易所，它是全球第一家完全整合的跨国证券交易所，总部位于巴黎，成立于2000年12月22日，由荷兰阿姆斯特丹、比利时布鲁塞尔和法国巴黎的证券交易所和衍生品市场合并而成。2002年年初，泛欧证券交易所先后兼并了伦敦国际金融期货交易所和葡萄牙里斯本证券交易所。2010年年底，泛欧交易所上市公司的总市值达到29300亿美元，成为世界第五大证券交易所。

2007年4月，泛欧证券交易所与纽约证券交易所合并，涉及金额约100亿美元，组建全球第一家横跨大西洋的纽约—泛欧证券交易所集团。合并后，泛欧证券交易所仍保持自身的独立性，交易仍以欧元计价。泛欧交易所的每个分支交易所都需获得所在国相关监管部门颁发的交易所经营许可证，并接受该监管部门的监督。每个分支交易所在满足所在国交易所主管部门的监管要求之余，还需要遵守欧盟一致法规及所在国的法律法规。

目前，泛欧交易所有三个市场板块：主板、创业板及三板市场，为处于不同发展阶段的企业提供融资平台。拟上市公司可以选择最适合的上市地，包括比利时、法国、葡萄牙、荷兰和英国。不同的上市准入地点，有不同的司法要求。

（1）主板市场

泛欧证券交易所主板市场是一个统一规范的、透明的，符合欧洲法律法规的证券交易市场，受欧盟监管。在主板市场上市的企业要遵守欧盟境内各被监管市场的所有法规。在这个市场上，根据公司市值的大小，上市公司被分为三个级别：A级，公司市值超过10亿欧元；B级，公司市值在1.5亿欧元至10亿欧元之间；C级，公司市值小于1.5亿欧元。

泛欧证券交易所主板市场上市条件：

a. 至少25%的股票为公众持股，若公司总股本规模庞大，则允许低于25%的比例，但应不少于总股数的5%，且向公众发售的股票的总价值不应低于500万欧元。

b. 经上市地监管部门依据《招股说明书指令》审核批准的招股说明书。

c. 发行人必须已经发布或提交了前 3 年的经审计的财务报表。如果挂牌时间超过上一财务年度 9 个月，则该公司必须公布或提交经审计的半年度财务报表。但特殊情况下，交易所可能豁免此项要求。在这种情况下，交易所会对公司市值、所有者权益等方面提出更多的要求和条件。

d. 财务报表必须依据发行人注册地的会计准则或根据国际会计准则（IFRS）或其他任何相关市场监管机构接受的会计准则（等效 GAAP）制作。如果发行人的注册地不在欧洲，交易所会要求公司的财务报告根据相关泛欧交易所市场监管机构所接受的通用会计准则（等效 GAAP）或国际会计准则（IFRS）进行调整。

（2）创业板市场

泛欧交易所创业板市场成立于 2005 年 5 月，是泛欧证券交易所特别为中小企业上市而创立的初级市场，是一个较容易进入且要求较少的市场。该市场受欧盟官方控制，但不受其监管。

创业板市场的上市条件：

a. 企业欲在泛欧交易所创业板上市，公开发行时，最低发行额为250万欧元；或在其他市场公开发行了至少250万欧元；或上市前两年私募发行了500万欧元。

b. 发行人必须已经发布或提交了前两年经审计的财务报表。

c. 财务报表必须依据发行人注册地的会计准则或根据国际会计准则（IFRS）或其他任何相关市场监管机构接受的会计准则（等效GAAP）制作。

d. 选择一位上市保荐人。

（3）三板市场

泛欧证券交易所的三板市场是一个由泛欧交易所巴黎直属管理的交易市场，成立于1996年。它是一个由泛欧交易所组织的、报备制的市场。三板市场主要是针对达不到主板上市要求的中小企业而设计的，虽然是报备制，但上市企业同样需要满足泛欧交易所的相关法规。该市场主要是为专业和老练的投资者准备的。三板市场不属于欧盟监管市场。因此，股票的发行人以及该股票的持有人不受欧盟监管市场的相关条文的约束。

泛欧证券交易所的三板市场上市条件：

a. 发行人重大财务信息披露必须按照商法的相关规定，在适用的情况下，也可以按照外国相关法规的规定执行。

b. 如果股票发行人的企业形式是法国货币金融法规定的公开发行股票企业的形式，或者是根据外国相关法律符合此要求，那么发行人必须履行相关法律条文和规则对于经常性信息披露的规定，尤其是法国证监会关于信息披露的通行规则，但某些只针对在规范市场上市企业的信息披露规则除外。

c. 若是法国公司要提供 KBIS 文件摘要，外国公司须提供同等的相关材料。

d. 发行人是股份公司、股份合作公司和同等的外国公司，注册资本最少在 22.5 万欧元以上。所发行股票必须是可以自由交易的。

泛欧交易所三板市场上市条件十分宽松，没有对公众持股比例的要求，对于企业运营历史和招股说明书（首次公开发行除外）没有强制性要求。企业适用的会计准则灵活，不要求必须符合国际会计准则（IFRS）。在股权变更方面，也没有具体需要申报的股权变更比例。交易所为了保证市场的正常运作，对于股票上市和交易保留最终决定权，尤其是必要时对交易时间的变更和任何暂时或永久停止某只股票交易的权力。

2. 伦敦证券交易所

伦敦是世界上国际化程度最高的金融中心，它不仅是欧洲债券及外汇交易的主要市场，还受理超过2/3的国际股票承销业务。证券交易所外国证券占比超过50%，超过任何其他证券交易所。在伦敦证券市场上，机构投资者发挥着重要的作用，其交易份额在80%以上。2011年2月，伦敦证券交易所与多伦多证券交易所合并，合并后上市公司总数超过6700家，成为矿业上市公司最多的交易所。伦敦证券交易所分为主板市场、AIM市场以及TECHMARK市场。主板主要为具备一定规模、盈利良好、通过上市监管局（UKLA）上市审核的公司服务，而AIM板主要是为中小企业提供服务，TECHMARK则是市场内的市场，它按照自己的规则将不同行业的高科技上市公司重新集结在一起，组成新的市场，以提高这些企业的透明度。2013年，伦敦证券交易所迎来105家新上市公司，IPO共筹集资金157亿英镑，其中43家在主板市场上市，63家在AIM市场上市，主板市场市值达到2.3万亿英镑，AIM市场达到810亿英镑。①

所有在伦敦证券交易所交易的股票都必须符合《准入标准和披露标准》。

（1）主板市场

伦敦证券交易所主板市场上市条件：

a. 发行人须提交最近3年经审计的财务报表，对于企业营业收入及利润没有明确要求，但3年收益记录需要覆盖公司75%的业务范围。若发行人无最近3年经营记录，满足伦敦证券交易所《上市细则》中的有关标准的某些科技公司、投资实体、矿产公司以及承担重大基建项目的公司也可以被允许上市。公司必须有自己的主营业务，主营业务必须是独立的有收入的业务。

如果科技型企业因为存续期较短而无法提供3年经营记录，必须满足：A. 披露成立以来的历史财务信息；B. 提供上述存续期最新的资产负债表、合并报表及子公司报表，且须被审计。

如果科技型企业上市的普通股不满足覆盖公司75%的业务范围或使潜在投资者做出准确评估，则必须满足：

---

① "伦敦证券交易所公布上市筹资增长91%创历史纪录"，网易财经，2014年3月28日。

A. 证明在上市时，于市场中能优先吸引投资者资金的能力；B. 在上市时能筹集至少 1000 万英镑；C. 在上市之前，有至少 2000 万英镑的市值；D. 具有上市集资的优先因素，能上线产生重要营业额的经鉴定的产品；E. 证明企业有 3 年关于实验室研发的记录，包括：被授予的专利或申请专利进程的细节；成功完成的或在进程中的，证明产品有效性的关键测试。

b. 公司 IPO 时，董事会成员和高级管理人员不应发生重大变化，必须包含前 3 年主营业务的负责人。董事会成员应具备较高的专业水平和丰富的管理经验，且保证与公司无利益冲突。

c. 财务报表须根据国际会计准则（IFRS）或英美的会计准则（GAAP）制作。

d. 公司市值在 70 万英镑以上，且发行后 25% 以上的股份为公众持股，股票须是可以自由转让的证券。该证券的购买承诺和股票期权比例一般情况下不得高于发行总量的 20%。

e. 发起人需使用英语发布有关信息。

f. 发行人须提供完整的年报以及完整的资本流动报告，同时发行方需要控制公司大部分资产至少 3 年。

（2） AIM 市场

AIM 市场成立于 1995 年，是伦敦证券交易所的另类投资市场，它侧重于满足那些小规模、新成立和成长型公司的需要。

AIM 市场上市条件：

a. 须指定一名保荐人和一名经纪人。

b. 发行人的财务报表符合英国或美国的通用会计准则（GAAP）；或者国际标准会计准则（IFRS）。

c. 上市申请书须披露股东的身份、董事背景、公司经营活动和财务情况。若公司已在被 AIM 承认的证券市场上市超过 18 个月，则公司可无须准备上市申请书直接在 AIM 申请上市。

d. 保证在 AIM 交易的股票可自由转让。

e. 公司董事会成员和高级管理人员具备专业技能和相关经验，并保证与公司无利益冲突。

f. 公司的自有资金应满足未来 12 个月的经营发展需要。

g. 交易所可强制要求申请人必须满足特殊条件才能在 AIM 上市。

h. 发行人需使用英语发布有关信息。

i. 当公司董事会和员工掌握了重大内幕信息时，必须遵守《AIM 公司标准法规》中的规定。该法规要求，除法律限制外，公司可限制董事和部分员工在特定情况下交易公司股票。

（3）TECHMARK 市场

TECHMARK 市场是伦敦证券交易所为满足创新型科技企业的需求而开辟的新市场，为投资人提供一个新的视角。TECHMARK 不是一个独立的市场，而是主板市场内的特殊市场，它依据一定的认可标准和 FTSE 全球分类系统将 FTSE 行业板块的具有科技创新属性的公司，单独集结起来构成一个市场。

TECHMARK 市场上市条件：

a. TECHMARK 市场上市公司为主板市场上市公司。

b. 公司行业为技术创新行业，如计算机服务、互联网、软件、计算机硬件、电子办公室系统、半导体、固话通信、移动通信、医疗设备、医药、生物技术等行业。如果公司不属于这些行业，但投入大量资本用于研发，则也可以进入 TECHMARK 市场。

3. 德意志证券交易所

德意志证券交易所是世界上第三大证券交易所，是仅次于伦敦证券交易所的欧洲第二大交易所，也是德国最大的证券交易所，其股票交易量占德国本土股票交易量的90%，60%交易量来自德国以外的其他国家。2010年年底，超过765家上市公司在德意志交易所上市交易，企业总市值超1.4万亿美元。德意志交易所现券市场2014年全年成交额达到1.28万亿欧元。德意志交易所提供了四个市场标准，可以满足各种不同公司的上市需求。这四个市场标准主要是按照市场准入条件和相关透明度的不同要求来划分的。

（1）高级市场

高级市场是欧盟监管市场，为希望成为欧洲最具透明度和流动性的蓝筹股提供交易平台。

a. 申请前提条件

＊申请须由发行人与拥有合法交易资格的金融机构或金融服务机构一起提交。

＊经金融监管局批准的招股说明书。

＊预计发行股票的市值不得低于125万欧元，最小发行量1万股。

＊发行人成立3年以上。

＊发行人必须公开过去3年的年度财务报告。

＊公众持股量至少占公司所有股票的25%。

b. 透明度标准：

＊符合欧盟法律关于官方市场或调控市场的法律基本规定；依照国际会计报告准则（IFRS）编制的年度财务报告和季度财务报告；披露关联交易情况；禁止内幕交易；公司经营实时信息披露；公司重大事项披露等。

＊提供英文和德文的季度报表。

＊使用IFRS国际会计准则。

＊公布企业日程（包括关于发行人、股东大会、信息公布会议和证券分析会议的时间安排等情况）。

＊举行分析师会议，对年报中的数据进行分析。

（2）一般市场

在这里上市的公司需要遵守欧盟统一资本市场的最低透明度标准。按照德国《交易所法》第49条至第56条规定，需要符合下列要求。

a. 申请前提条件

＊申请必须由发行人与拥有合法的交易资格的金融机构或金融服务机构一起提交。

＊经金融监管局批准的招股说明书。

＊发行人成立3年以上，在特殊情况下，可以不具

备成立3年以上的条件。

＊发行人必须公开过去3年的年报。

＊预计发行股票的市值不得低于125万欧元，最小发行量为1万股。

b. 透明度标准

＊符合欧盟法律关于官方市场或调控市场的基本规定。

＊符合国际会计准则（IFRS）的年报和半年报。

＊披露关联交易。

＊禁止内幕交易。

＊公司经营实时信息披露。

＊公司重大事项披露等。

（3）初级市场

进入该市场的标准由证券交易所自行规定，并对公开市场的交易条件和后期义务规定也相对较少。

a. 申请前提条件

＊有价证券必须是可以自由交易的。

＊必须保证合法经营。

＊经金融监管局批准的招股说明书。

＊最低权益资本为25万欧元，对公司营业收入及利

润状况并没有明确的财务要求。

＊企业成立最短年限为1年。

b. 透明度标准

＊按照开放市场格式条款提供符合欧盟招股说明书要求的标准。

＊符合开放市场的法律基本规定，遵守限制内幕交易的规则，遵守限制滥用市场的规则等。

＊提供按本国（GAAP）标准制定的年度/半年度报表。

＊公司重要信息披露。

＊在公司主页上公布每年更新的企业简介。

＊公布企业日程（包括股东大会、业绩发布会、信息公布会议和证券分析会议的时间安排等情况）。

（4）准入市场

准入市场属于公开市场的另一部分，该市场为中小企业提供初级、简单、快捷的上市挂牌服务和私募配售通道。进入该市场的标准由交易所自行规定，并对公开市场的交易条件和后期义务规定也相对较少。

准入市场上市条件：

a. 最低权益资本为25万欧元，对公司营业收入及利润状况并没有明确的财务要求。

b. 符合最低法律要求，限制内幕交易规则、限制滥用市场规则、符合政府规定的公开发行要求。

（二）欧洲股票市场上市制度的内在协调机制

1. 泛欧证券交易所

泛欧证券交易所的每个分支交易所都需获得其所在国相关监管部门颁发的交易所经营许可证，并接受该监管部门的监督。每个分支交易所在满足所在国交易所主管部门的监管要求之余，还需要遵守所在国的法律法规。

发行人须在进行公开发行或经证券监管机构批准在市场进行交易之时发布招股说明书，招股说明书须经相关上市地证券监管机构备案并得到其批准。如在巴黎上市，招股说明书就必须获得法国金融监管局的批准。公开招股说明书也将提交给泛欧交易所，以便核查是否符合交易所的规定。核查过程中，交易所主要关心上市的技术问题，比如金融工具是否适合在该市场交易，现有支付清算系统是否支持。最终由泛欧交易所上市委员会决定是否批准上市申请。

泛欧交易所的创业板是一个"交易所自我监管"的市场，该市场受欧盟官方控制，但不受其监管。企业上市不需要证券监管机构的批准，且信息披露的形式、表达可以给企业一定的空间，这种制度设计与伦敦证券交易所的 AIM 市场类似，但泛欧交易所的创业板市场覆盖范围更广泛。泛欧交易所的创业板市场主要由巴黎泛欧交易所负责管理上市事项，拟上市公司到泛欧交易所创业板上市，需要向其提出申请。

泛欧交易所三板市场不属于欧盟监管市场。因此，股票的发行人以及该股票的持有人不受欧盟监管市场的相关法规的约束。三板市场是一个非监管市场，采取报备制。其运作机理是拟上市公司在金融中介的协助下，准备符合标准的招股说明书，并获得银行业、金融和保险委员会对招股说明书的批准。拟上市公司必须准备必要的申请文件，经由泛欧交易所规范市场的成员递交给泛欧交易所下属的巴黎交易所。巴黎交易所为了保证市场正常运作，保留上市最终决定权，必要时可对交易时间变更和任何暂时或永久停止某股票交易。

2. 伦敦证券交易所

在英国的发行上市规则中，发行与上市是分离的。

对于非上市发行的发行人招股说明书并不需要经过监管当局审批，而对于上市发行，则适用于《金融服务与市场法案》，由金融服务监管局的下属部门上市监管局对其招股说明书进行审查。

公司要公开发行并进入伦敦交易所的主板市场，必须通过两个步骤：一是要符合英国上市监管局的上市规定并且招股说明书通过其审核；二是要通过交易所的审核。这两项审核程序是同时进行的。上市监管局依据《上市规则》的要求对公司进行审核。上市监管局的审核以关注信息为核心，并根据上市规则和招股说明书规则进行实质审核。上市监管局的审核不仅要求招股说明书的格式和披露信息的完备性，而且必须符合若干实质性条件，如管理人员的资格和能力、公司的营业性质、公司的资本结构、公开披露的数据充分和真实程度、经营的行业前景等。

伦敦证券交易所对主板上市公司的审核主要依据《准入标准和披露标准》进行。准入标准主要是对证券交易规则、交易手段的要求，包括证券必须可以电子交易、可以自由议价、遵守交易所的交易流程等，这是伦敦证券交易所审核的重点。披露标准要求每只证券符合相应监管机构规定的披露标准,由于上市监管局已经对发行人进行了相关审核,伦敦证券交易所对此基本无要求。

公司申请在伦敦证券交易所的 AIM 市场交易,无须取得上市监管局的批准,获得伦敦证券交易所交易许可证即可在伦敦证券交易所的 AIM 板块交易,所以严格意义上来说 AIM 股票并不是上市的股票。在上市的审查程序上,伦敦证券交易所不进行实质审查,上市担保由顾问去负责。它强调上市保荐人的作用和公司自律,AIM 市场仅要求公司及时、充分地披露公司信息并予以风险监察。[1] 通常伦敦证券交易所会在收到申请文件的 72 小时内完成审查流程。

3. 德意志证券交易所

1995 年,德国依据《第二部金融市场促进法案》设立联邦证券交易监管局,作为中央监管机构,从而形成证券交易所、各州交易所监管署和联邦证券交易监管局的三层监管架构。[2] 2002 年,德国将德意志联邦银行和

---

[1] 《英国 AIM 上市要求》,《金融界》2008 年 5 月 20 日。
[2] 《德国:三层构架对国内证券市场实施监管》,《经济参考报》2007 年 9 月 13 日。

联邦保险监管局、联邦证券监管局合并,成立单一监管组织即德国联邦金融监管局。

德国股票发行上市的监管职责由联邦金融监管局和交易所分别行使,金融监管局负责招股说明书的审核,交易所负责上市条件的审核。金融监管局对招股说明书的审核,关注的是招股说明书的完整性,包括信息的一致性和充分性。审核针对特殊的行业有特殊的要求,例如房地产、船运、矿业,就要求提供其他相关的信息。在审查过程中,如果发现发行说明书缺少必要的细节信息,联邦金融监管局有权禁止招股说明书的公布。一般来说,金融监管局对招股说明书的审核不包括对准确性的审核。但如果在公开发行审核过程中,发行人没有在股票公开发行前按照规定公布发行说明书或金管局有合理依据怀疑信息披露存在重大错误或者重大遗漏,则可以禁止证券的公开发行。金融监管局不审查发行公司的质量情况,如果信息披露完备,金融监管局无权否决其发行。交易所负责制定上市标准,对上市公司进行实质性审查。但交易所没有自由裁量权,只要发行人符合上市条件,交易所不得拒绝其上市申请。

(三) 欧洲上市制度比较分析

2007年11月，欧盟金融工具市场法规生效，该法规是 FSAP（Financial Services Action Plan）的一项关键指令。FSAP 由欧盟于 1999 年采用，旨在通过统一各个成员国证券、银行、保险、按揭贷款、养老金等金融交易市场的规则而创造一个单一的金融服务市场。欧盟成员国对 FSAP 指令的逐步采用提高了成员国间金融服务、上市融资、金融交易和市场滥用等监管体系的一致程度。在欧盟的大力推进下，欧盟各成员国的证券上市及信息披露制度高度趋同（见表9）。

表9　　　　　　　　欧洲主板市场上市条件对比

	泛欧证券交易所	伦敦证券交易所	德意志证券交易所
公司历史	至少3年	至少3年	至少3年
最少发行	至少25%的股票为公众持股，任何情况不少于5%	至少25%的股票为公众持股，最低市值为70万英镑	至少25%的股票为公众持股（针对高级市场），最小市值125万欧元，最小发行量1万股
财务准则	IFRS 或等效 GAAP	IFRS 或等效 GAAP	IFRS
监管机构审批	上市地监管机构批准的公开招股说明书	上市监管局审批的公开招股说明书	金融监管局审批的招股说明书
提供文件	3年的审计报告	3年的审计报告 流动资本报告	3年的审计报告

续表

	泛欧证券交易所	伦敦证券交易所	德意志证券交易所
其他要求		公司董事会和高级管理人员必须包括前3年主营业务的负责人	申请必须由发行人与拥有合法的交易资格金融机构或金融服务机构一起提交

注：泛欧证券交易所、伦敦证券交易所上市条件为主板上市条件，德意志证券交易所上市条件为高级市场、一般市场上市条件。

资料来源：各交易所网站。

据表9所示，泛欧证券交易所、伦敦证券交易所、德意志证券交易所主板上市条件基本趋同。除此之外，三大证券交易所的信息披露要求也基本相同。这不足为奇，因为大的交易所都被要求符合欧洲金融市场法规，企业要遵守的金融市场的规则是相同的。就非欧盟监管市场而言，泛欧交易所创业板与伦敦证券交易所AIM板上市条件基本相同，而德意志证券交易所初级市场上市条件较两者更为宽松。总体而言，三者之间并不存在明显差异（见表10）。

表10　　　　　　　非欧盟监管市场上市制度对比

	泛欧证券交易所创业板市场	伦敦证券交易所AIM市场	德意志证券交易所初级市场
公司历史	至少2年	—	至少1年
最少发行	公开发行下，公众持股量至少达到250万欧元的市值	至少25%的股票为公众持股	最低权益资本25万欧元

续表

	泛欧证券交易所创业板市场	伦敦证券交易所 AIM 市场	德意志证券交易所初级市场
财务准则	IFRS 或等效 GAAP 及欧盟本地 GAAP	IFRS 或等效 GAAP	本国财务准则 GAAP
证券监管机构审批	无	无	金融监管局审批的招股说明书
提供文件	两年的审计报告		
其他要求	需要选择一位上市保荐人（可以是投资者或审计公司或公司财务专家），在上市准入过程中帮助定价，并且在上市交易过程中提供指导	公司的自有资金应满足未来一年的发展需要。具有两年的主营业务盈利记录	符合开放市场的法律基本规定；遵守限制滥用市场的规则等

资料来源：各交易所网站。

与上市标准不同，欧洲各国的股票上市审核制度存在差异。英国是以证券交易所为核心的自律性证券监管模式。伦敦证券交易所作为自律性组织实际上行使着英国证券市场日常监管的职能。德国、法国等欧洲大陆国家则既强调集中统一的立法管理，又注重自律约束。在这些国家，证券交易所与证券监管机构都参与对股票上市发行的审核。

审核制度的形成原因十分复杂，各国的审核制度不可避免地受到本国历史文化、经济结构及特殊政治因素等多方面的影响。伦敦证券交易所的股票审核制度主要受到英国历史文化影响。英国是最早的资本主义国家之一，其证券市场的发展和演变相对漫长，发展历程中经历过"南海事件"般的证券泡沫。所以在长期的发展历史中，英国市场参与者们呈现出保守、严谨、自律的特点。而且，自由经济思想萌芽于英国，英国人普遍接受自由竞争的市场理念，认为政府只是"守夜人"，从而使自律自治的思想深入人心。而且英国以判例法为主要法律渊源，体现在证券市场方面，在很长时间内都没有建立起统一的证券法体系，而零散和烦琐的判例法显然不能满足管理证券市场的需要。上述经济、政治、文化、法律等方面的因素为英国自律性证券监管制度的生长和完善提供了空间，最终形成了以自律管理为主的发行监管体制。

德意志证券交易所作为德国最大的证券交易所，其审核制度的形成主要受到近代德国经济结构的影响。在历史上，德国是后起的资本主义国家，与英法相比，其经济基础薄弱，企业难以通过股票、债券等形式直接筹集所需资金。为了促进国民经济的发展，政府要求银行出资入股企业，希望借此将资金引导到政府支持的产业和企业中来，同时还实施了金融市场准入限制和银行破产的保护性扶持政策，对银行业进行支持。在这种情况下，以银行为核心的间接融资体系在社会融资体系中占据主导地位，银行通过公司长期贷款、发行股票债券和人事渗透等形式，使其对工商企业具有压倒性优势和支配权。除此之外，由于德国公众养老金体系的非基金化，导致德国资本市场规模相对较小，市场主体较为单一，导致银行在证券业处于强势地位，全能银行对证券市场的管理影响重大。所以，德意志证券交易所上市审核制度的形成与德国经济结构以及银行业发展息息相关。

泛欧证券交易所的审核制度与其自身形成历史背景有关。泛欧证券交易所由法国、荷兰、比利时、葡萄牙等国证券交易所合并而成，作为跨国证券交易机构，融合了多个国家的背景，它的股票上市审核制度是各国利益妥协的产物，代表着不同国家的利益。所以，为了保持对本国证券市场的控制权或发言权，各国证券监管机构必然要求拥有对本国股票上市、发行审批的实质性权力。最终，形成了上市地证券监管机构和泛欧证券交易所对招股说明书进行双重审核的发行审批制度。

（四）欧洲上市制度对中国的借鉴意义

从股票发行上市审核制度的存在意义来看，其实质是对拟上市公司的筛选制度，目的在于阻拦劣质证券进入证券市场，保障证券市场的健康发展。制度本身没有好坏之分，只要能适应现实条件，保障证券市场的健康发展，就是好制度。不同国家由于其经济发展水平、投资者素质、历史文化等各因素的影响，造成市场环境存在较大差异，导致上市制度各不相同。虽然欧洲的上市制度是基于欧洲自身实际条件而建立的，与中国上市制度的建立基础不尽相同，但随着中国经济的市场化程度不断加深，两者之间的共性也越来越多，欧洲上市制度设计可以为中国完善上市制度体系提供借鉴。

1. 发挥好中介机构的作用

中介机构（保荐人、会计师、律师等）是股票上市过程中重要的参与主体，其最先有能力对公司质量做出判断，并将其推荐给投资者，且其为公司提供相关专业服务的同时，能够获得最全面的一手资料，对公司状况有着深入的了解。因此，发挥中介机构甄别和筛选公司的作用，有利于阻止不良公司进入证券市场。德国股票发行制度就是建立在中介机构归位尽责基础上的，中介机构责任明确。在德国，中介机构非常重视股票发行上市中的法律责任以及信誉风险，整体上能较好地履行职责。招股说明书是重要的追责文件，按照德国法律的规定，招股说明书必须明确谁对真实性负责，必须由包括发行人、投资银行等在内的相关主体签字。此外，招股说明书财务部分也需审计机构审计，并对财务报告承担责任。相比之下，中国的中介机构还没有发挥出应有的作用，这与政府主导的审核制度相关。现阶段，中国仍实行股票发行核准制，由证监会发审委审批公司发股申请，交易所只负责形式上的上市审批程序，发行人一旦获准发行即在实质上拥有了股票上市权利。由于发审委掌握发行审核权，中介机构处于次要地位，在股票发行及确认认购阶段，投资者决策很少考虑中介机构的信誉因素，因此中介机构很难凭借品牌信誉来获取长期收益。

2. 简化程序，提高审核效率

证券发行效率影响公司上市的动力，因为公司募集资金投向与当时的市场环境有关，较长的上市周期可能错过项目的最佳投资期，造成资金的低效利用。欧洲的证券交易所具备较快的发行审批速度。以德意志交易所为例，公司向德国联邦金融监管局提交招股书和在交易所申请上市审批的程序可以同时进行，但是只有德国联邦金融监管局审核通过了招股书后，交易所才能宣布可以公开发行，整个审批过程最多需要 25 天。相比之下，中国发行审核时间过长，发行人对于发行周期不可控。

3. 降低上市门槛，构建多层次资本市场

中国证券交易所与欧洲主流证券交易所构造大致相同，分为主板市场、中小板市场以及创业板市场。但相比之下，中国的证券上市条件整体偏高，以创业板为例，发行人需要满足诸多限制性条件，例如：发行人是持续经营 3 年以上的股份有限公司；发行后股本总额不少于 3000 万元；净资产不少于 2000 万元。相比之下，欧洲主流交易所对中小企业的要求较为宽松，无明确的盈利要求，且公司年限、净资产等方面的标准也较低，适合尚未盈利的互联网和高新技术企业上市。我国有必要降低上市门槛，以更好地适应高新技术企业的需求。

三 日韩股票市场上市制度分析

宣晓影

（一）东京证券交易所的上市制度

1. 日本证券交易所的发展历程

日本的银行体系为战后科技型企业的萌芽和发展提供了大量资金。然而，20世纪80年代开始，日本传统的融资体制已经难以满足新经济发展的需求，90年代后，国际竞争以及人口老龄化等问题更使日本制造业优势减弱。为此，日本政府大力发展资本市场，并及时推出了创业板，通过简化上市程序改善中小企业的直接融资环境，为日本的经济增长带来了新的活力。东京证券交易所和大阪证券交易所为日本最大的两家证券交易所，名古屋、福冈和札幌证券交易所均为交易量较小的交易所。各证券交易所都设立了创业板，即东京证券交易所的MOTHERS市场（1999年12月）、大阪证券交易所的新Jasdaq市场（2010年）、名古屋证券交易所的Centrex市场（2001年7月）、札幌证券交易所的Ambitious市场

(2001年3月)和福冈证券交易所的Q-Board市场（2003年2月）。

2013年1月1日，日本交易所集团（Japan Exchange Group, Inc.）成立，全资拥有东京证券交易所、大阪证券交易所、日本交易所自律法人和日本证券结算机构4家附属公司，成为世界第三大（继纽约—泛欧证交所及纳斯达克OMX集团之后）及亚洲最大的证券交易所之一。其中，东京证券交易所（TSE，以下简称东交所）拥有两个主板市场和一个创业板市场，包括适合在全球范围内拓展业务的大型企业上市的市场一部，适合具有稳固根基的骨干企业上市的市场二部；以及1999年开设的针对具有高成长潜力的新兴企业市场——"MOTHERS"。

2. 东京证券交易所上市制度的特点

（1）上市审核先于发行注册审核

1998年之前，日本企业的上市批准权在监管机构；1998—2007年，交易所可以做出批准或不批准的决定，只需要向监管机构报备即可；2007年至今，发行人向东京证券交易所提交上市申请，交易所委托自律法人进行审核，自律法人审核之后将结果通知交易所，然后由交易所向监管机构进行报备。

可见，现在日本的上市审核权在交易所手中。具体上市的流程是：发行人提前三个月向东交所提交上市申请书、公司章程、年度报告、经营计划等。交易所还检查发行人是否具备可以进行恰当信息披露的内部体制。在审核前，具有承销资格的证券公司与东交所进行"事前商谈"，如果发现问题可以提前解决。交易所接到企业提交的上市申请之后，将申请文件转交自律法人进行上市审核。自律法人同意上市的，将结论反馈给交易所，由交易所对外公开宣布，并向金融厅报备上市批准。上市申请批准后，企业需要向金融厅提交发行注册文件。金融厅收到注册文件后，对文件形式要件是否完备进行核查，并对形式要件完备的予以注册。

（2）独具特色的自律法人制度

自律法人既是日本交易所集团的一个法人机构，又受交易所的委托从事审核。目前，自律法人有在职人员200人左右，设有上市审查部、上市公司合规部、市场监控合规部等。自律法人的制度安排，既解决了交易所审核企业的利益冲突问题，又能保证审核机构最大限度地贴近市场。具体制度安排如下：

审核依据。根据《金融商品交易法》的要求，东京证券交易所制定了业务规程,作为指导性文件,以案例介绍或者答疑的方式,向企业介绍上市审查的标准和网站关注点。

审核内容。上市审查包括形式审查和实质审查。形式审查主要看企业是否符合量化的上市指标,包括股东数、公开发行新股数量、流通股票数量等流动性要求,以及对企业利润额、资产额的要求。对自律法人来说,实质审查才是核心工作。实质审查主要是对营利性和公司治理方面进行确认,包括企业是否能够持续经营,企业的前景是否良好,企业能否公正、忠实地开展经营活动,企业的公司治理和内控制度是否有效等。

审核方式。企业在提交上市申请后,交易所自律法人会要求提交一系列需要审查的资料,与此同时还要进行面谈和实地考察。面谈是找企业负责人或者相关人士进行多次面对面的交流,了解企业经营内容和内部管理体制。实地考察是到企业的生产车间或者销售网点,调查企业的经营活动是否合理。此外,还要约谈审计机构。

(3) 上市"一站式"服务

在东交所上市的日本企业分为第一部(大公司)和

第二部（中等规模公司）两大类①，1999年11月11日，东交所开设了"外国部"和"MOTHERS"（Market of the high-growth and emerging stocks）两个市场，形成了TSE上市"一站式"服务（见图1）。MOTHERS市场以具有很高成长性的公司和国外新兴企业为对象，外国部则面向全球大型外国企业和业绩优良的企业。申请在主板上市的企业，原则上被指定在市场二部，但若该企业的股票具有较高的流动性，也可直接被指定在市场一部上市。在MOTHERS上市的企业，满足一定的标准也可转板至市场二部或市场一部，这也是企业最理想的成长模式。相反，市场一部上市的企业，如果其指标下降且低于一部上市标准，也有可能降到二部。东交所根据企业的发展进程和战略提供了多种上市选择，可以满足全球企业的各种融资需求，具备了为企业提供"一站式"服务的机制。

---

① 根据日本1963年颁布的《中小企业基本法》，在工业、矿业、运输业中，其资本额或出资额为1亿日元以下，经常雇佣人员为300人以下的企业为中小企业；商业零售业、服务业资本额或出资额为1000万日元以下，经常雇佣人员为50人以下的企业为中小企业；经营批发业3000万日元以下，经常雇佣人员为100人以下的企业为中小企业。

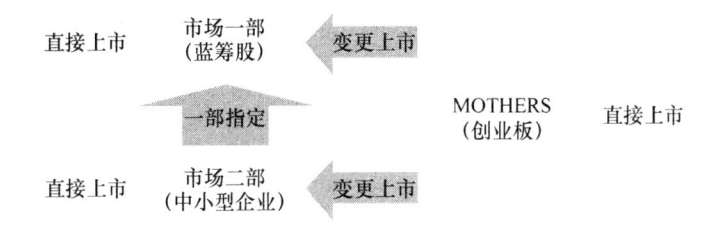

```
直接上市    市场一部      ⬅ 变更上市
            (蓝筹股)
                    ⬆         MOTHERS    直接上市
                  一部指定      (创业板)
直接上市    市场二部      ⬅ 变更上市
            (中小型企业)
```

图 1　TSE 上市"一站式"服务

资料来源：东京证券交易所。

3. 主板市场上市制度分析

（1）市场一部和二部的上市标准

为了确保股票流通和形成公正价格、维持企业的可持续发展，以及企业的财政状况、收益能力等方面的上市条件，确保企业信息的合理披露等，东交所规定在市场一部和二部上市的企业必须符合如下标准（见表11）。

表 11　东交所市场一部和二部的上市标准

	市场二部	市场一部
股东人数	全世界 800 人以上	全世界 2200 人以上
流通股	• 一地上市：符合以下 a 至 c 项 a. 流通股数：4000 交易单位以上 b. 流通股市价总值：10 亿日元以上 c. 流通股比例：30% 以上 • 多地上市：特定股东或外国股票存托凭证等的所有者没有明显持有大多数股票，同时流通股数 4000 交易单位以上	• 一地上市：符合以下 a 至 c 项 a. 流通股数：2 万交易单位以上 b. 流通股市价总值：20 亿日元以上（从市场二部或 MOTHERS 转板至市场一部时适用的标准） c. 流通股比例：35% 以上 • 多地上市：特定股东或外国股票存托凭证等的所有者没有明显持有大多数股票，同时流通股数 2 万交易单位以上

续表

	市场二部	市场一部
市价总值	20 亿日元以上	250 亿日元以上（从市场二部或 MOTHERS 转板至市场一部时，为 40 亿日元以上）
经营持续年数	3 年以上、设置董事会并开展持续的经营活动	
净资产额（合并结算）	10 亿日元以上	
利润额或市价总值	符合以下条件 a 或 b： a. 最近 2 年的利润总额（经常利益总额）达 5 亿日元以上 b. 市价总值在 500 亿日元以上且最近 1 年的销售额在 100 亿日元以上	
虚假陈述或非标准审计意见等	最近 2 年无虚假陈述并且审计意见为适当；最近 1 年审计意见为适当	同左（从 MOTHERS 或市场二部上市时为最近 5 年无虚假陈述，且审计意见为适当）
其他		在指定的托管机构进行托管；取消股票转让限制；存托合同等

资料来源：东京证券交易所 HP。

（2）市场一部和二部的上市审查要点

酌情考虑新股上市申请公司所属国和该股票已上市或在持续交易的其他证券交易所等所属国的法律和制度、业务惯例等。

具体审查要点如下：

a. 企业的可持续性及收益性：能够持续经营，且拥有稳定的收益基础；

b. 企业经营的健全性：公正且忠实地开展业务；

c. 企业的公司治理以及内部管理体制的有效性；

d. 企业信息披露的恰当性；

e. 其他——从保护公共利益和投资者的观点出发，东交所认为必要的事项，如"股东的权利内容及其行使状况"、"会对企业的经营活动及业绩产生重大影响的官司或纠纷"、"为了预防反社会势力干预经营活动的体制"等，以及申请公司的独立性及其母公司应该进行信息披露的事项等。

4. MOTHERS 上市制度分析

日本创业板市场不仅是融资平台，更是日本科技创新和科技成果转化的重要平台（日本的科技成果转化率高达 80%，而中国不足 40%）。截至 2012 年年末，共有 320 家企业在 MOTHERS 上市，上市时的平均融资额为 31 亿日元，上市后有 81 家企业从市场融资，平均融资额为 56 亿日元。截至 2013 年年末，在 MOTHERS 上市的公司主要分布在信息通信（33.7%）、服务（23.8%）、零售（9.8%）、房地产（7.3%）、医药（5.7%）、电气机器（5.2%）、批发（4.1%）等行业。截至 2013 年年末，MOTHERS 上市公司的动向及数量变化如表 12 所示。

表 12　　MOTHERS 上市公司的动向及数量变化

	上市公司的动向（家）			上市公司数量合计（家）
	新上市	退市	升板	（月末）
2013 年年末	32	7	14	193
2012 年年末	24	9	11	182
2011 年年末	12	8	7	178
2010 年年末	6	6	4	181
2009 年年末	4	15	2	185
2008 年年末	13	7	6	198
2007 年年末	23	4	8	198
2006 年年末	41	3	2	187
2005 年年末	37	3	6	151
2004 年年末	57	1	5	123
2003 年年末	33	1	3	72
2002 年年末	8	0	1	43
2001 年年末	7	0	0	36
2000 年年末	27	0	0	29
1999 年年末	2	0	0	2

资料来源：http：//mothers.tse.or.jp。

（1）MOTHERS 市场的特点

a. 流动性：为了确保交易顺利进行，设定了一定水平的流动基准。

b. 创新性：以有创新性的、可能取得高速增长的企业为对象。

*业务范围有可能增长并扩大，并可能取得高速增长的企业；

* 使用新技术和创意,并可能取得高速增长的企业。

c. 迅速性:提前向新兴企业提供筹措资金场所,公司成立不久即可上市。

* 不问公司成立年数和利润等财务指标;

* 可在提出上市申请到上市期间内办理手续;

* 尽可能简化上市审查的相关资料。

d. 透明性:通过公开企业信息充实自身的市场。

(2) MOTHERS 市场的上市标准

虽然 MOTHERS 市场的上市标准相对宽松,但其严格规定了信息公开的标准,某些要求甚至高于东交所的市场一部和市场二部。例如,MOTHERS 规定上市公司每年分两次公布每个季度的公司业绩;每年举行两次公司说明会(上市后3年内);每年更新一次上市公司的风险信息等(见表13)。

表 13　　　　　　　　MOTHERS 市场的上市标准

上市对象	具有高度成长潜力的企业
股东人数	全世界 300 人以上
流通股	●一地上市:符合下列 a 至 c 项。a. 流通股数:2000 交易单位以上;b. 流通股市价总值:5 亿日元以上;c. 流通股比例:25% ●多地上市:流通股数 2000 交易单位以上

续表

上市时公开招股	进行500交易单位以上的公开招股
市价总值	10亿日元以上
经营持续年数	设置董事会并开展持续的经营活动时间为1年以上
虚假陈述或非标准审计意见等	最近2期（无虚假陈述，且审计意见为适当。最近1个财务年度的审计意见为适当且无保留意见）
其他	在指定的托管机构进行托管取消股票转让限制存托合同等

资料来源：http://mothers.tse.or.jp。

（3）MOTHERS 上市审查要点

在审查之际，酌情考虑新股上市申请公司所属国和该股票已上市或在持续交易的其他证券交易所等所属国的法律和制度、业务惯例等。

具体审查要点如下：

a. 企业状况、风险信息等披露的正确性；

b. 企业经营的健全性，公正且忠实地开展业务；

c. 企业的公司治理以及内部管理体制的有效性，企业根据规模以及其发展成熟度；

d. 公司发展计划的合理性，并具备实行该计划所需的发展基础或具备建立该发展基础的可行性；

e. 其他——从保护公共利益和投资者的观点出发，东交所认为必要的事项"股东的权利内容及其行使状况"、"会对企业的经营活动及业绩产生重大影响的官司或纠纷"、"为了预防反社会势力干预经营活动的体制"等事项；新股上市申请公司的独立性及其母公司应该进行信息披露的事项等。

(4) MOTHERS市场的转板及退市标准

MOTHERS市场的转板审查要点包括：

a. 企业的可持续性和收益：有继续营业及获取稳定收益的基础；

b. 企业经营的健全性：公正且忠实地开展业务；

c. 公司治理及内部管理体制的有效性：公司治理以及内部管理体制的完善和运营；

d. 企业信息公开情况：合理公开企业信息；

e. 其他公共利益和投资者保护。

根据上述审查要点，MOTHERS市场设定了明确的转板标准（见表14）。除此之外，在MOTHERS市场上市10年的公司可自主选择继续留在MOTHERS市场或转板至市场二部，选择继续留在MOTHERS市场的公司以后每隔5年需要再次进行选择。另外，在MOTHERS市场上市10年的公司与市场二部适用同样的退市标准。

表 14　　　　　　　　　　MOTHERS 市场的转板标准

	转板至市场一部（符合 A 或 B）		转板至市场二部
	A	B	
股东人数	2200 人以上		800 人以上
流通股	符合以下全部条件：流通股超 2 万单位；流通股市价总值超 20 亿日元；流通股比率超 35%	符合以下全部条件：流通股超 2 万单位；流通股市价总值超 10 亿日元；流通股比率超 35%	符合以下全部条件：流通股超 4000 单位；流通股市价总值超 10 亿日元；流通股比率超 30%
交易量	申请日所属月的前月以前的 3 个月及前 3 个月的月平均交易量超过 200 单位	—	—
市价总值	40 亿日元以上	250 亿日元以上	20 亿日元以上
经营持续年数	3 年以上、设置董事会并持续开展经营活动		
净资产额	合并后的净资产额 10 亿日元以上（且单独净资产额非负）		
利润额或市价总值	满足以下的条件 a 或 b： a. 最近 2 年的利润总额超过 5 亿日元 b. 市价总值超过 500 亿日元（最近 1 年的销售额不到 100 亿日元的除外）		
虚假陈述或非标准审计意见等	最近 5 年的有价证券报告书无虚伪记载； 最近 5 年的财务报表等的审计意见为"无限制适当"或"附加除外事项的限制适当"； 不存在以下 a 或 b 情况 a. 最近 1 年的内部治理报告记载"无法表明评价结果" b. 最近 1 年的内部治理审计报告记载"不表明意见"	最近 2 年的有价证券报告书无虚伪记载； 最近 2 年（最近 1 年除外）的财务报表等的审计意见为"无限制适当"或"附加除外事项的限制适当"； 最近 1 年的财务报表等的审计意见原则上为"无限制适当"； 申请转板的公司股份等在国内其他金融商品交易所上市的话，不存在以下 a 或 b 情况 a. 最近 1 年的内部治理报告记载"无法表明评价结果" b. 最近 1 年的内部治理审计报告记载"不表明意见"	
设置股票事务代行机构	委托给东交所批准的股票事务代行机构		
股票单元	100 股		
股票转让限制	未对该股份转让设限		

续表

	转板至市场一部（符合 A 或 B）		转板至市场二部
	A	B	
指定汇款机构	是指定转账汇款机构的转账汇款业务对象		
合并等的实施预期	不存在以下 a 和 b 的情况： 已进行或预定于 2 年内进行合并、公司分割、子公司化或非子公司化、转让业务等造成申请转板的公司实际上不复存在； 预定 2 年内与解散公司合并；与其他公司的全资子公司进行股份交换或转移		

资料来源：http://mothers.tse.or.jp。

（二）韩国证券交易所上市制度分析

韩国证券交易所（Korea Stock Exchange，KSE）成立于1956年3月，起步之初主要经营国债和地产证券交易。1996年7月韩国证券交易商协会自动报价系统（KOSDAQ）成立，是韩国的创业板市场。2005年1月，韩国证券交易所（KSE）、韩国期货交易所（KOFEX）和韩国创业板市场（KOSDAQ）合并，正式成立了韩国证券期货交易所（KRX）。合并之后，韩国金融市场形成了各种商品相互竞争、相辅相成的局面，并通过降低交易费、IT兼并、统一市场监控系统等举措，推动市场发生了巨大变革。

1. 韩国证券期货交易所发行上市制度的特点

韩国《证券交易法》规定，申请公开发行股票融资的公司，必须向金融监督委员会（FSC）申请登记，提交申报书及相关文件（必须包括公司财务信息及公开招股的条件）。金融监督委员会经过审核后，若文件齐全且无异议则将在一定期限内通过申请；但若在审查过程中对相关材料有疑问或认为材料不齐全，则可暂缓申请，要求申请公司提交相关说明或补充材料。发行公司若想在韩国交易所上市，需要向交易所提交申请。申请可分为前期准备、上市资格审查、公开销售股份及上市阶段。

韩国是实行股票发行注册制的国家，在递交申请前，拟上市公司必须先聘请一家证券公司作为主承销商来准备注册所需的各种材料，并由一家经金融监督委员会（FSC）登记的审计公司对申请公司最近一年的年报做审计。准备充分并和交易所充分沟通后，申请公司向交易所提出上市资格审查申请，提交申请书及相关材料。申请书内容包括公司概况、营业项目、管理层、财务信息、公司治理、关联交易及其他相关信息。相关文件包括公司登记文件、相关特许文件、最近3年财务报告、申请时的期中报告、股务代理契约、证券分析报告、最大股东持股证明文件、继续持股承诺书、最大股东及持股1%以上股东过去1年持股变动状况表及其他须补充的文件。收到申请后，交易所上市审议委员会对提交的申请材料做复核并决定是否适合挂牌。审查通过后，交易所将审核结果通知申请公司并向金融监督委员会（FSC）提交注册申请。之后，发行人可向公众公开发行股票。发行完毕后公司须向金融监督委员会（FSC）提交发行报告，并向交易所提出挂牌申请，申请批准后，公司股票可在15个交易日后自由交易。

审核上市的实质标准可分为企业的可持续发展性、企业经营的透明度以及对投资者的保护三个部分。如外国企业申请上市时，未能满足上述的部分标准，KRX则将根据实质标准的总体评价，决定该企业的审核结果。

①可持续发展性标准

＊稳定性：营业稳定性、财务稳定性、交易的继续性、第一大股东有无变更记录。

＊增长潜力：产业的增长周期、收益项目与顾客多元性、可持续发展性研发活动（R&D）。

＊收益性：盈利能力、资产运营是否有效、是否具有可持续盈利潜能。

②经营透明度标准

＊企业控制结构：第一大股东变更、首席执行官、

非常务董事、常务监事与监事委员会。

＊内部管理系统：内部会计管理系统与内部管理系统、联营公司（附属公司）交易。

＊会计透明度：会计管理系统、外部审计机构的意见。

③对投资者的保护

＊企业披露透明度：有无企业披露专职人员以及相关团队；

＊对中小股东的保护：是否能够保障中小股东的权利行使权，以及限制出售的股票的锁定；

＊流动性与中小股东：对中小股东股份分散程度，是否有确保增大流动性的资源。

2. KOSDAQ 发行上市程序[①]

韩国政府建立 KOSDAQ 市场的主要目的是为扶植高新技术产业，特别是为风险较高的中小型科技企业创造一个直接融资的渠道，因此，该市场以 IT、BT、CT 等新成长产业为主。[②] KOSDAQ 市场政策法规的制定和监管，

---

① 中国社会经济决策咨询中心：《在韩国证券期货交易所上市》，http://www.cedm.net.cn/（可网上详查）。

② 按照韩国1986年的政策定义，以企业雇佣人数和拥有的资产额为标准来划分规模，雇佣人数在300人以下的制造业、矿业和运输业企业，200人以下的建筑业企业，20人以下的商业服务业企业，只要不是财阀所属企业，均可视为中小企业。

主要由韩国金融经济部（MOFE）、金融监察委员会（FSC）和金融监督机构（FSS）来承担。根据韩国《证券监督法》、韩国证券交易商协会授权KOSDAQ委员会和KOSDAQ证券市场公司对KOSDAQ市场进行具体管理。

企业在KOSDAQ市场发行股票前，必须聘请一家证券公司作为主承销商，准备注册所需要的各种文件资料，并向KOSDAQ委员会提出上市的预申请，得到批准后再向韩国金融监督委员会（FSC）提交注册申请。韩国金融监督委员会（FSC）接受注册申请后，企业就可以向公众公开发行股票。发行完毕后向韩国金融监督委员会（FSC）提交发行报告，并向KOSDAQ委员会提出正式的上市申请。由韩国证券交易商协会授权，KOSDAQ委员会负责批准企业的上市申请。为了协调委员会与协会之间的工作，韩国采用一人常务委员制，负责直接指挥证券交易商协会的业务部门，同时也是KOSDAQ委员会的成员。

在股票发行上市过程中，主承销商主要承担五个方面的责任：一是对公司履行必要的尽职调查；二是做市义务，公司股票上市后一个月内，如其股价跌到发行价的80％，主承销商有义务以不低于发行价80％的价格，收购公司公开发行的全部股票；三是公司股票公开发行时，主承销商必须购买发行总股份1%的股票并持有1年以上；四是主承销商从公司其他股东购买的股票，不得出售给公司的现有股东或最大股东；五是主承销商有义务为公司提供经营管理和信息披露方面的咨询。

3. KOSDAQ上市标准

KOSDAQ市场上市条件的设计与美国纳斯达克市场颇为相似，也采用多样化的上市标准。KOSDAQ将企业划分为四种类型：风险企业、非风险企业、共同基金和国外企业，提供多选择的上市标准。风险企业的上市标准比非风险企业低。该市场的一个显著特点是鼓励高科技风险型公司上市，在上市条件中对这类公司基本不设任何数量和财务指标要求。此外，政府还给予这些上市公司税收优惠（见表15）。

表15　　　　　　　　　KOSDAQ市场上市审核标准

营业期间	3年以上
公司规模	净资产达到30亿韩元以上，或市价总值达到90亿韩元以上
财务状况满足选项中的任意一条	①最近1个财政年度的净资产收益率达到10%以上； ②最近1个财政年度的净利润达到20亿韩元以上（取税前利润和净利润两者较小值）； ③市价总值达到300亿韩元以上，同时最近1个财年的销售额达到100亿韩元以上； ④销售额达到50亿韩元以上，且增长率达到20%以上，同时最近1个财政年度无资本减损现象

续表

流动股票	小股东持股比率须达到25%以上； 如果是外国企业的二次上市，则须使韩国股东达到500人以上，同时，其持股量达到30万股以上（此时不适用小额股东持股比率达到25%以上的条件）
审计结果	最近1个财政年度：无保留意见； 合格会计师事务所的条件； 设立后5年以上； 所属会计师50名以上； 最近1个财政年度销售额达到100亿韩元以上等； 合格会计准则：国际财务报告准则（IFRS），韩国国际财务报告准则（K-IFRS）或美国公认会计原则（US GAAP）
第一大股东	实质标准：在不影响经营权的情况下，允许变更第一大股东
股权转让	可自由转让股权
独立董事	除了在韩国法律上的风险企业以外，在KRX指定的外国证券交易所上市时间达到3年以上，符合所属国或指定外国证券交易所标准的，KRX将承认该企业在独立董事相关事项上达标； 独立董事的任命：上市企业的独立董事须达到董事会总人数的1/4以上； 资产总额超过2兆韩元的大型企业，其独立董事须达到3人以上，超过董事会总人数的一半
常务监事	在KRX指定的外国证券交易所上市时间达到3年以上的外国企业，符合所属国或指定外国证券交易所的标准时，KRX将承认该企业的常务监事以及监事委员会达标； 资产总额超过1000亿韩元的企业须履行委任常务监事义务； 资产总额超过2兆韩元的企业须履行委任监事委员会义务； 监事委员会总人数的2/3须由独立董事构成，并确保委员成员中有1人以上的会计或财务专家
股票禁售期	第一大股东：禁止在上市6个月内销售股票。第二次上市时，可免除上述禁售条例

资料来源：韩国证券期货交易所HP。

4. KOSDAQ退市标准

KOSDAQ对上市公司规定了限制出售制度，并采取了严厉的退市机制。上市公司退市事宜由KOSDAQ委员会负责决定，如果上市公司出现以下任何一种情况，委员会将对上市公司予以摘牌。

信息披露：上市申请或附加文件中出现虚假陈述或重大遗漏，在过去2年内被认定为不实披露达3次以上。KOSDAQ市场上市公司的信息披露包括：a. 定期报告：包括年度报告、期间报告（半年报）和季度报告；b. 特殊报告：公司管理方面的重要信息，如收购、分拆、期权发行、生产线购买或出卖等；c. 临时报告：关于公司财务状况重大变化的信息（如发行股票或债券、资产评估等），关于公司经营业绩重大变化的信息（如收入或净利润的增减）；d. 强制性披露：KOSDAQ认为有必要披露的信息。

经营状况：公司状况恶化，主要经营活动暂停达6个月以上，连续2次出现负资本或资本负债率达到50%以上。

公众股份：连续3个月以上股票交易不活跃，1年内无法达到最低的股份分布标准。

流动性：一定期间内股票价格低于其面值的20%。

其他：为保护公众和投资者利益，KOSDAQ认为应该退市的其他情形。

(三) 日韩上市制度对中国的借鉴意义

日韩两国在股票发行上市制度上都实行注册制，且在推动中小企业上市方面有丰富的经验。两国的股票发行上市制度及相关监管的经验，对我国推进股票发行上市改革以及相应的监管制度设计有重要的借鉴意义。

1. 发展资本市场，推动科技成果转化

日本创业板市场是促进科技成果转化的重要平台。同时，韩国政府建立KOSDAQ市场的主要目的也是为扶植高新技术产业，特别是为风险较高的中小型科技企业创造一个直接融资的渠道。我国当前正处于加快实施创新驱动发展战略，落实《中华人民共和国促进科技成果转化法》，打通科技与经济结合的通道，促进大众创业、万众创新之机，更应充分发挥资本市场的功能。

2. 交易所实质审核为主、监管部门形式审核为辅

日本的股票发行上市审核制度经历了行政力量逐步淡出，市场作用逐步强化的演变过程。现在，日本的上市审核权在交易所手中，却并不等于不审核，而是以信息披露为主导的审核，突出信息披露的作用。随着我国注册制改革，我国交易所的职责也将会发生较大变化，交易所将面临巨大的压力和挑战。在此过程中，我国的中介机构如保荐人、律师、会计师的作用将进一步凸显。

3. 制定并实施严格的信息披露制度

虽然日韩两国创业板市场的上市标准相对宽松，但都严格规定了信息披露的标准，某些要求甚至高于主板。两国都对上市公司违反信息披露规定，根据法律和市场规则予以处罚，情节严重的暂停其上市甚至予以摘牌。而虚假信息披露是我国证券市场上的一个顽疾，现行法律法规、规章和证券交易所规则并不能有效遏制虚假信息披露。因此，我国应借鉴日韩交易所的经验，在立法和工作机制上明确交易所对虚假信息披露的自律监管职责，并设计明确详细的、可操作的虚假信息披露监管规则。

4. 制定明确的转板标准

日本的 MOTHERS 市场设定了明确的转板标准。2015 年年底，我国证监会正式发布了《关于进一步推进全国中小企业股份转让系统发展的若干意见》，其中对分层、转板试点、摘牌制度等 7 个方面制度做出了具体安排。接下来，我国也应该在多层次资本市场建设速度明显加快之时，进一步推进落实转板制度，从而探索与区域股权市场的对接机制。

第二部分
中国股票市场上市制度

全先银　张跃文

中国股票市场的上市制度是在借鉴发达国家市场经验并结合国情的基础上，由监管机构主导设计并组织实施的。其特点是"以新股发行审核为主、发行与上市联动"，因此考察中国股票上市制度必须紧密结合新股发行制度。

一 沪深股票交易所的上市制度

全先银

(一) 股票发行条件

我国现行《证券法》第13条规定,公司公开发行新股,应当符合下列条件:(一)具备健全且运行良好的组织机构;(二)具有持续盈利能力,财务状况良好;(三)最近3年财务会计文件无虚假记载,无其他重大违法行为;(四)经国务院批准的国务院证券监督管理机构规定的其他条件。上市公司非公开发行新股,应当符合经国务院批准的国务院证券监督管理机构规定的条件,并报国务院证券监督管理机构核准。

1. 主板和中小板市场股票发行条件

《首次公开发行股票并上市管理办法》(以下简称《办法》)对主板和中小板股票发行上市条件进行了细化,对于发行人的主体资格、独立性、规范运行和募集资金使用等均做出了具体规定。在具体的量化标准上,《办法》做出了以下规定:

a. 最近 3 个会计年度净利润均为正数且累计超过人民币 3000 万元，净利润以扣除非经常性损益前后较低者为计算依据；

b. 最近 3 个会计年度经营活动产生的现金流量净额累计超过人民币 5000 万元；或者最近 3 个会计年度营业收入累计超过人民币 3 亿元；

c. 发行前股本总额不少于人民币 3000 万元；最近一期末无形资产（扣除土地使用权、水面养殖权和采矿权等后）占净资产的比例不高于 20%；

d. 最近一期末不存在未弥补亏损。

2. 创业板市场股票发行条件

为了促进自主创新企业及其他成长型创业企业的发展，2014 年证监会发布了经修订的《首次公开发行股票并在创业板上市管理暂行办法》。按照该规定，创业板上市股票发行条件与在主板上市股票发行条件的最主要差异在于财务要求。按照暂行办法规定，在创业板上市发行股票的企业基本财务条件应满足：最近两年连续盈利，近两年净利润累计不少于 1000 万元；或者最近 1 年盈利，最近一年营业收入不少于 5000 万元。最近一期末净资产不少于 2000 万元，且不存在未弥补亏损。发行后股本总额不少于 3000 万元。A 股市场的新股发行条件对比详见表 16。

表 16　　　　　　　　A 股市场的新股发行条件

	主板与中小板	创业板
盈利能力	最近 3 个会计年度净利润均为正数且累计超过人民币 3000 万元，净利润以扣除非经常性损益前后较低者为计算依据	最近两年连续盈利，最近两年净利润累计不少于 1000 万元（净利润以扣除非经常性损益前后孰低者为计算依据）
经营规模	最近 3 个会计年度经营活动产生的现金流量净额累计超过人民币 5000 万元；或者最近 3 个会计年度营业收入累计超过 3 亿元	最近一年盈利，最近一年营业收入不少于 5000 万元（本条与上条可相互替代）
净资产	最近一期末无形资产（扣除土地使用权、水面养殖权和采矿权等后）占净资产的比例不高于 20%	最近一期末净资产不少于 2000 万元，且不存在未弥补亏损
总股本	发行前股本总额不少于 3000 万元	发行后股本总额不少于 3000 万元

资料来源：根据中国证监会有关规定整理。

（二）股票上市制度

由于我国股票发行上市制度的约束性要求主要体现在发行审核环节，因此上市制度的约束和筛选功能偏弱。沪深交易所股票上市制度总体结构相对简单，内容相似度很高。具体如下：

1. 上海证券交易所（主板）

（1）股票经中国证监会核准已公开发行。

（2）公司股本总额不少于人民币5000万元。

（3）公开发行的股份达到公司股份总数的25%以上；公司股本总额超过人民币4亿元的，公开发行股份的比例为10%以上。

（4）公司最近3年无重大违法行为，财务会计报告无虚假记载。

（5）交易所要求的其他条件。

2. 深圳证券交易所（主板＋中小板）

（1）股票已公开发行。

（2）公司股本总额不少于5000万元。

（3）公开发行的股份达到公司股份总数的25%以上；公司股本总额超过4亿元的，公开发行股份的比例为10%以上。

（4）公司最近3年无重大违法行为，财务会计报告无虚假记载。

（5）交易所要求的其他条件。

3. 深圳证券交易所（创业板）

（1）股票已公开发行。

（2）公司股本总额不少于3000万元。

（3）公开发行的股份达到公司股份总数的25%以

上；公司股本总额超过 4 亿元的，公开发行股份的比例为 10% 以上。

（4）公司股东人数不少于 200 人。

（5）公司最近 3 年无重大违法行为，财务会计报告无虚假记载。

（6）交易所要求的其他条件。

尽管沪深交易所的上市制度内容不多，要求也比较明确。但在各层次市场的上市标准要求中都包括了一条"交易所要求的其他条件"。现有公开资料均未提供对于"其他条件"的说明。这是一条由交易所操控且具有较大随意性的约束性条款。

二 "新三板"股票市场挂牌制度

全先银

成立于2012年的"新三板"市场,是主要为非上市股份公司提供股份公开转让服务的市场。其挂牌门槛低,企业挂牌积极性很高。截至2016年5月,在"新三板"挂牌的股份公司已有7100余家。

(一)挂牌条件

股份有限公司申请股票在全国股份转让系统挂牌,不受股东所有制性质的限制,不限于高新技术企业,其应当符合下列条件:

(1)依法设立且存续满两年,有限责任公司按原账面净资产值折股整体变更为股份有限公司的,存续时间可以从有限责任公司成立之日起计算;

(2)业务明确,具有持续经营能力;

(3)公司治理机制健全,合法规范经营;

(4)股权明晰,股票发行和转让行为合法合规;

(5) 主办券商推荐并持续督导；

(6) 全国股份转让系统公司要求的其他条件。

(二) 核准程序

根据《国务院关于全国中小企业股份转让系统有关问题的决定》，股东人数未超过200人的挂牌公司申请在全国股份转让系统挂牌，证监会豁免核准。股东人数超过200人的挂牌公司，主办券商项目小组须向中国证监会递交企业股票挂牌申请文件，由中国证监会审查通过后出具核准文件。

三　区域性股权交易市场的挂牌制度

全先银

区域性股权交易市场是由地方政府和企业发起设立的区域性市场。其特点是主要为本地区内的企业和投资者服务，由地方政府自行监管和组织，不从事公开股票发行和交易活动。根据万德数据库统计，目前在区域股权市场挂牌的企业总数已经超过4万家。

（一）挂牌条件

各区域性股权交易市场挂牌条件差异不大。通常有以下条件：

（1）存续一个完整的会计年度以上。有限责任公司按原账面净资产值折股整体变更为股份有限公司的，存续期间可以从有限责任公司成立之日起计算。

（2）业务明确，具备持续经营能力。

（3）公司治理结构健全，运作规范。

（4）股份发行和历次变动合法合规。

(5) 其他条件。

(二) 挂牌核准程序

挂牌核准程序由各交易市场自行决定，不得构成公开发行，不得拆分交易。

四 股票发行注册制改革

张跃文

实行股票发行注册制,是将股权融资的自主权利还给企业,是真正实现股票发行市场化的关键步骤。党的十八届三中全会通过的《中共中央关于全面深化改革若干重大问题的决定》,明确提出要推进股票发行注册制改革。2016年3月发布的《"十三五"规划纲要》,也提出要在"十三五"期间创造条件实施股票发行注册制,发展多层次股权融资市场。为保证注册制改革顺利实施,2015年12月全国人大常委会正式授权国务院在两年内对拟在沪深交易所上市的股票公开发行,调整适用《证券法》关于股票公开发行核准制度的有关规定,实行注册制度,实施期限为两年。从上述一系列重大决定,可以清楚地认识到党和国家对推行股票发行注册制的坚定信心和决心,目前亟须制定全面系统且兼顾各方面利益的改革方案,保证改革顺利展开。

(一) 现有注册制改革方案辨析

成熟市场广泛实行的股票发行注册制，是在投资者保护水平逐步提升，市场监管机制逐步完善，中介机构执业能力逐步发育的基础上实现的。没有严格的市场自律和事中事后监管，股票发行注册制很可能导致股票发行泛滥和市场恐慌。中国股票市场总体上还处于发展的初级阶段：股票市场的承接能力较弱，中介机构担责能力偏低，投资者抗风险能力和专业化程度低，中小股东权益保护法律体系不健全。在当前的市场和证券行业基础上，大幅度降低股票发行上市门槛，负面冲击较大，甚至可能重复 2001 年"国有股减持方案"所带来的长期市场萧条。为了积极稳妥地推行股票发行注册制改革，各方面对于改革方案进行了长时间讨论和酝酿，但受到 2015 年股灾和"十三五"金融综合监管改革等事件影响，正式改革方案延迟公布。本节仅对截至目前监管机构所披露的改革方案要点进行评述。[①]

[①] 关于监管机构对于注册制改革的建议方案，可参见证监会主席助理黄炜在"2015 陆家嘴论坛"上的讲话——"股票发行注册制的改革理念、责任配置与制度建构"（http：//www.csrc.gov.cn/pub/newsite/zjhxwfb/xwdd/201506/t20150626_279771.html）。

1. 方案的主体内容

监管机构所提出的注册制改革的基本理念是：将股权融资的权利交还给企业；注册审核以信息披露为中心；审核不应以否决发行申请为目的；大力强化事中事后监管。

在上述理念的指导下，新股发行注册制的主要内容包括：

（1）注册审核主体。建立以证券交易所注册审核为基础的发行注册制度，由证券交易所负责对发行申请依法进行审核，提出审核意见，证监会给予注册以交易所同意注册的意见为前提。

（2）注册审核条件和标准。注册审核重点关注的是信息披露文件的齐备性、一致性与可理解性。审核的标准是在总结实践经验基础上，不断完善的以投资者需求为导向的信息披露规则。

（3）注册程序。企业申请股票公开发行并在交易所上市交易的，应当向证券交易所报送申请文件。证券交易所履行审核职责，形成正式审核意见。证券交易所审核同意的，应当在规定时间内将发行申请文件报送证监会注册。证监会自收到申请文件之日起规定时间内未提出异议的，注册生效。

（4）股票发行注册与上市审核的关系。发行条件主要是关于发行人组织结构、财务报告和合规状况等客观要求。上市条件则是由交易所设置的包括财务指标、市场指标、公司治理等不同要求的差异化条件。交易所内部将形成不同的板块分层，由企业根据自身条件和需要自主选择上市的交易所与上市板块。在交易所履行审核职责的前提下，取消证监会的发行审核委员会，交易所内部设置上市委员会对企业股票上市申请进行审议，通过集体讨论形成合议意见。

2. 对改革方案的总体评价

股票市场的基本功能是促进交易、配置资源、发现价格和分散风险，其根本目标应是为实体经济服务。从更好地实现股票市场功能出发，以市场一般均衡为基本分析框架，我们对现有注册制改革方案进行评价。总体而言，目前已经披露的改革方案的核心内容，反映了监管机构贯彻党和国家有关改革意见的决心，同时一定程度上也照顾到了中国股票市场的现实情况，方案实施的可能性很大。由于方案全部内容尚未公布，此处仅管窥一二，提出几点意见供政策制定者参考。

（1）新股发行注册审核主体的界定。目前已知的新股发行审核主体是证券交易所。这里可能需要明确证券交易所具体包括哪些机构，是仅包括沪深交易所，还是也包括"新三板"市场，另外一些区域性的股权交易中心或者潜在的新成立的证券交易所是否也应包括在内？与此相关联的是，即便仅包含沪深交易所，两个交易所也需要按照统一的注册审核标准，各自组建专门的审核队伍，建立各自独立的审核流程，在此过程中可能存在两个交易所在具体执行审核标准、审核流程和工作效率方面的差异，进而混淆市场对于注册制的认识。而且，沪深交易所事实上的竞争关系也可能延伸到发行注册环节，这将会对注册制的严肃性和公信力造成实质性伤害。

（2）注册审核的责任划分。在此方案中，新股发行注册前的审核工作主要由交易所承担，监管机构不再审核发行人申请材料，而是在交易所审核批准之后，直接同意注册。在此过程中存在着注册审核分工与责任划分的错位问题。如果进行注册审核工作的交易所不承担审核责任，则存在交易所尽职风险；如果由交易所承担审核责任，监管机构相应地不承担或者少承担责任，那么注册结果的公信力又可能受到质疑。另外，交易所同时履行发行注册和上市审核职能,权力过于集中,在其垄断地位支配下,交易所内部有可能面临利益冲突问题,即交易所为了吸引某些发行人在本所上市,而在发行注册环节提供不当便利;或者为拒绝某些发行人上市,在注册环节人为设置障碍。

(3)注册制的前置程序。如果监管机构在接受发行人注册之前,要求发行人必须首先获得交易所注册审核的同意意见,或者必须获得交易所上市审核委员会同意其上市的承诺,那么相当于为新股发行注册制设定了前置程序,等于注册制改革打了折扣。当然,在同意注册以前对于发行人申请材料的真实性、准确性和完整性进行必要的审核,是注册制的题中应有之义,只是出于保护发行人行使其经济权利的目的,需要对不同意注册的情况进行严格限定,明示标准,同时尽量减少前置条件,为发行人提供"一站式"发行注册服务。

(4)交易所审核的独立性。如果交易所被认定为注册审核主体,需要有明确的法律法规保证交易所能够独立、客观、高效地履行其审核职能,而不会受到外界不当干扰。目前,监管机构与交易所仍然存在行政隶属关系,对于交易所的重大决策仍然具有相当影响力。这种密切关系的存在，不利于交易所独立承担发行注册和上市审核职能，若处理不好，监管机构将可能通过交易所间接调控新股发行和上市审核，使注册制改革流于形式。

（二）完善改革方案的建议

注册制改革的目的是将股票发行的权利还给企业，将价值判断的功能还给市场。当然，考虑到我国股票市场目前的发展基础，实施一些过渡性措施可能是必要的。但是改革的大方向，应是打破既有利益格局，实现股票发行及上市审核的去行政化，而不是让行政化改头换面继续长期存在，更不能让少数机构在改革后继续保持甚至巩固其市场垄断地位。保持交易所的运作独立性和促进交易所间竞争，是提高我国股票市场效率的必要措施。为完善注册制改革方案，特提出以下建议：

（1）实施新股发行和上市两阶段管理。证监会负责注册审核环节，交易所负责上市审核环节。两个环节可以同步进行，也可以一先一后，但是两个环节的管辖权和责任主体不得交叉。发行人在获准注册以后，可以自由选择股票上市场所，监管机构不得干预。

（2）明确证监会的新股发行注册审核责任。细化注册审核标准、流程和最长时限，在原发行审核委员会的基础上筹建注册审核委员会，下设各行业专门委员会，将审核重点集中到发行人申请材料提供信息的一致性、准确性和完整性上来。

（3）交易所独立负责本所的股票上市审核。根据自身定位、市场发展和内部市场分层需要，自主设立股票上市标准。上市标准应体现更多包容性，同一层次市场可以设立多套可选上市标准，不同层次市场可分别设立上市标准。

（4）实现交易所独立市场化运作。为配合新股发行注册制改革，增强交易所的独立性，应逐步取消证监会对交易所的人事管辖权和决策干预权，可研究制定交易所市场化改革方案，进一步完善交易所会员制，条件成熟的交易所也可以直接转为企业制，逐步淡化直至最终取消证监会与交易所的行政隶属关系，建立二者间的新型监管关系。

（5）逐步拓宽新股上市渠道。为缓解注册制改革之初的新股上市压力，完善多层次股票市场，可鼓励沪深交易所和"新三板"市场开设新层次市场，允许新设区域性股票交易场所，为特定企业群体和投资者群体服务。通过交易所内部分层和股市整体分层相结合，逐步拓宽股票上市交易渠道，增强股票市场服务实体经济的能力。

第三部分
中国股票市场上市制度的改革方向

张跃文

新股发行注册制改革消息一出，令很多投资者开始担忧A股市场潜在的扩容问题，担心新股大批涌入可能改变市场供求关系，打压股价。客观地讲，如果不制定配套政策，仅仅推出单一的注册制改革，在目前股市有限的定价能力和新股承接能力下，大规模新股发行和上市短期内很有可能对市场形成负面冲击，投资者的担忧不无道理。为此，我们呼吁将注册制改革看成推动我国股票市场整体进步的系统工程，要搞好政策配套，而不可单兵突进，更不能将改革做成"面子工程"，流于形式。为此，注册制改革必然要求股票市场上市制度做出相应调整，二者配合共同实现"企业自主发股，市场择股上市"的改革目标。

一　股票上市制度改革的必要性

注册制改革的目的是实现新股发行与上市审核的分离，这使得必须要对依存于发行审核的上市制度进行全面改革和完善。现存的沪深股票交易所的新股上市条件，其中最重要的一条是"股票经中国证监会核准已公开发行"，其他关于股本和公开发行股票比例等一般性规定，实际上不太可能起到筛选上市企业的作用。正是由于监管机构在核准制下对发行人的严格限制和甄别，才没有形成企业蜂拥上市的局面。但在实行注册制以后，情况将发生较大变化。首先，注册制不以拒绝发行人注册为原则，意味着申请材料符合信息一致性、真实性和准确性的发行人，都可以及时获准公开发行股票，发行门槛大降。交易所市场原上市制度赖以存在的唯一屏障消失，如果不对上市制度进行大幅度调整，将造成大批符合上市条件的企业集中上市，短时间内逆转股市供求关系，严重的甚至可能冲击市场，形成系统性风险。其次，注册制后企业可以自主选择上市场所，客观上造成了沪深交易所争夺优质企业的局面。为了体现本交易所的包容性、成本优势和信息优势，沪深交易所将各自推出有竞争力的新股上市制度，吸引优质企业上市。最后，"新三板"市场作为发行注册制的"试验田"，其股票发行上市的便利性与低流动性共同呈现，改善流动性的必要措施是在现有基础上完善上市制度，进行"新三板"市场内部分层，提升投资者对优质挂牌企业群体的关注度，同时适当降低投资者进入门槛，达到改善优质股票流动性的目的。

二　上市制度改革的基本方向

本报告对于欧美日韩等发达国家股票市场的上市制度进行了系统梳理，这些股票市场通过自由竞争和政府及监管机构的适当介入，逐步形成了以平衡股票供求关系为主导原则的上市制度。尽管各市场上市制度的具体内容有较大差别，但其基于本国经济金融发展现实、商业化运作和政府适当介入的特征却是共同的。因此，我国股市上市制度改革和调整也有必要基于国内现实情况，有选择地借鉴国外市场上市制度的共性特征。

（一）全面契合发展多层次股权融资市场要求

国家《"十三五"规划纲要》明确提出，要"创造条件实施股票发行注册制，发展多层次股权融资市场，深化创业板、'新三板'改革，规范发展区域性股权市场"，上市制度改革从根本上说是为上述改革目标服务的，其中发展多层次股权融资市场，是上市制度改革的根本指针。主板、创业板、"新三板"和区域股权市场在我国多层次股权融资市场中的层次性特征，主要是通过其股票上市制度和投资者适当性制度体现的。因此，尽管股票上市制度的设计应尊重市场组织者的自主权，但其前提必须是符合国家发展多层次股权融资市场的战略方针。

（二）全面契合以我为主渐次开放的股票市场体系要求

随着QFII、RQFII、"沪港通"、"深港通"的实行以及A股股票即将进入MSCI指数，特别是大批国内企业赴海外上市，我国股票市场整体对外开放步伐加快，各方面对于国内股票定价权的争夺也日趋激烈。在此过程中，我国要牢牢掌握股票市场开放的主导权和定价权，保证股市运作安全，这是推进股票市场对内对外开放的根本前提。为此，上市制度改革应符合我国经济转型期企业发股上市的总体特征，符合股票市场现阶段的投资者特征，而不能脱离实际，盲目照搬发达市场上市制度框架。在此过程中，要注意不能由于过分强调安全而损失效率，甚至以安全之名行垄断之实；也不可单纯强调竞争和效率而弱化安全意识。

(三) 基于明确分工的发行上市一体化制度

股票公开发行与上市作为新股上市的两个必要步骤，天然存在着联动关系。作为股票发行方式，股票认购方通常会要求在公开发行之后，股票应可在二级市场公开上市交易。由于涉及公众利益，实践中各国股市的公开发行审核通常由政府部门或者监管机构承担，而股票上市申请作为实现股东利益的准商业环节，通常由拟申请上市的交易所（或者市场）负责审核。尽管在少数国家（如日本）实质性的发行审核工作是由交易所完成的，但考虑到保护公众利益和提升审核的公信力，政府和监管机构通常需要对审核公允性做出承诺并承担与此相关的责任。目前我国股票发行上市仍然执行一体化审核，证监会是事实上的审核主体。在注册制改革以后，交易所需要独立承担上市审核责任，工作内容趋于复杂，工作量加大。证监会与交易所涉及由此产生的诸多责权利调整，但大的方向仍然是形成责权清晰、分工明确的发行上市一体化制度。在发行审核环节，证监会的责任没有弱化；在上市审核环节，交易所的责任大大加强。两者必须较好地分工协作，才能将发行上市一体化制度执行到位。

（四）交易场所主导的多元化、动态化上市制度体系

为更好地适应经济转型发展需要和股票市场动态化特征，各股票交易场所可根据自身定位和市场要求，制定多元化上市制度，以增加上市制度对企业的包容性和实现本市场内部分层。同时，为及时响应实体经济和股票市场波动，各交易场所还拥有对上市制度进行阶段性动态调整的权力。在此过程中，需要维护全国性股票交易所在股票定价和交易方面的主导地位，但其主导地位应主要建立在市场优势基础上，而不宜采用行政命令限制其他股票交易场所创设和发展。

三 上市制度改革面临的风险

上市制度改革是在我国政府减政放权的大背景下开展的一项改革，其本质也是政府向企业和市场放权。在上市制度主导权由政府和监管机构转到交易所的过程中，可能会由于存在改革方案缺陷或者突发性的环境变化，导致改革对实体经济和股票市场产生过大的负面影响。具体主要包括以下几个方面：

(一) 注册制改革受挫的外溢风险

上市制度同股票发行制度联系密切，当发行注册制改革由于某些原因不能顺利推出的情况下，现行的发行核准制对A股市场上市制度改革具有较大制约。此外，如果注册制推出后市场反应欠佳，深入的上市制度改革同样会受到制约，甚至有可能使上市制度成为原发行核准制的替代性制度。

(二) 市场误解的风险

习惯于单一上市制度的国内股市投资者，对于多元化上市制度及其市场影响的认识需要一个过程。如果改革推进速度过快或者力度掌握不准，有可能超出投资者预期或者认识水平，引发市场对改革的误解。比如，投资者可能忽视市场内部分层的功能，单纯将上市公司数量的增加视为"圈钱"和"抽血"，甚至有可能在改革方案甫一公布，就会预期市场下跌，进而引发投资者离场和市场动荡。

（三）市场间内耗的风险

在上市制度调整权利由监管机构向各市场组织方转移的过程中，如果具体方案出现疏漏或者转移速度快于各市场间良性竞争秩序的形成，将有可能形成市场间内耗风险。即各市场为了吸引企业上市，竞相压低上市门槛，或者通过内部分层造成各市场上市制度的重合，进而形成恶性竞争，直接危及股票市场稳定。

（四）削弱市场主导权的风险

随着股票市场对外开放幅度不断扩大，跨国上市企业增加，跨国投资者增加，发达股票市场对我国股市的影响日益加深。国内上市制度如果过分模仿发达市场，将造成国内外上市制度的同质化，进而发展为上市企业的同质化，由于发达市场的定价影响力更强，可能会导致国内股市定价权被削弱。

四　政策建议

（一）坚持股票发行上市一体化制度安排，在推动股票发行注册制改革的同时，谋划推动上市制度改革。

（二）做好上市制度改革的总体设计，坚持有计划、分步骤地推动改革，防止一哄而上，扰乱投资者预期。

（三）逐步放松直至解除对交易所的行政管制，让交易所真正成为上市制度的制定者和执行者。

（四）实行放管结合，正确处理政府与市场的关系，确保多层次股票市场发展战略下交易所间的有序竞争协调开展。

（五）加快推进监管机构职能转换，落实注册制改革后的监管职责，做到"前端监管不减，中端监管不乱，后端监管不松"。

参考文献

[1] [美]博迪、凯恩、马库斯：《投资学》（第9版），汪昌云、张永冀等译，机械工业出版社2013年版。

[2] 邸振龙：《日本创业板市场退市监管机制及其绩效研究——以MOTHERS市场为例》，《现代日本经济》2011年第5期。

[3] 东京证券交易所：《东京证券交易所上市指南》，东京证券交易所网站。

[4] 董新义：《论上市公司信息披露监管的制度完善——以韩国制度为借鉴》，《证券法苑》2014年第2期。

[5] 付容卓：《纳斯达克监管制度研究》，硕士学位论文，哈尔滨工程大学，2009年。

[6] 经济决策与咨询：《在韩国证券期货交易所上市》，http：//www.cedm.net.cn/htm/zjzfw/IPO/haiwai/201203/21-57368.html。

[7] 梁鹏、胡根源、[日]滨田康行：《日本交易所集团与日本创业板市场发展借鉴》，《证券市场导报》2013

年第6期。

[8] 平立群：《从分立到整合：日本新兴市场结构调整》，《现代日本经济》2013年第3期。

[9] 钱志义、杨婷、宋晓麒、曾旻睿、施柳琼、李丰也：《全球主要国家和地区股票发行上市制度和流程简介》，资本市场研究网，2014年1月21日发布。

[10] 王国刚：《以公司债券为抓手推进金融回归实体经济》，《金融评论》2012年第4期。

[11] 张跃文、王力主编：《中国上市公司质量评价报告蓝皮书2015—2016》，社会科学文献出版社2015年版。

[12] Aghion, Howitt, Mayer-Foulkes, "The Effect of Financial Development on Convergence", *Quarterly Journal of Economics*, 2005, 120 (1): pp. 173 - 222.

[13] Acemoglu D, Aghion Philippe, Zilibotti Fabrizio, "Distance to Frontier, Selection, and Economic Growth", *Journal of the European Economic Association*, 2006, 4 (1): pp. 37 - 74.

[14] Jain Pankaj K., "Financial Market Design and the Equity Premium: Electronic Versus Floor Trading", *Jour-

nal of Finance, 2005, 60 (6): pp. 2955 – 2985.

[15] La Porta, R., F. Lopez-De-Silanes, A. Schleifer, and R. Vishny, "Legal Determinants of External Finance", *Journal of Finance*, 1997, 52 (3): pp. 1131 – 1150.

[16] Levine R., "Stock Markets, Growth, and Tax Policy", *Journal of Finance*, 1991, 46 (4): pp. 1445 – 1465.

[17] Levine R., Zervos S., "Stock Markets, Banks, and Economic Growth", *American Economic Review*, 1998, 88 (3): pp. 537 – 558.

[18] Stulz R. M., "Financial Structure, Corporate Finance, and Economic Growth", *International Review of Finance*, 2000, 1 (1): pp. 11 – 38.

[19] Rioja Felixand Neven Valev, "Stock Markets, Banks and the Sources of Economic Growth in Low and High Income Countries", *Journal of Economics and Finance*, 2014, 38 (2): pp. 302 – 320.